新求精德语中级学习提要

杨建培　编著

同济大学 出版社
TONGJI UNIVERSITY PRESS

内 容 提 要

　　本书共有十三章,总结归纳了《新求精德语强化教程(中级)》各单元的固定搭配和表达式,以及各种常见话题,旨在帮助中级德语学习者,尤其是使用《新求精德语强化教程(中级)》的学习者在有限的时间里提高自己的语言理解能力和表达水平,为德福考试打下良好基础,同时为留学德国及参与各种中德跨文化交际活动做好语言上的准备。

　　本书可配合《新求精德语强化教程(中级)》用于德语强化教学课程,使学生更加扎实地掌握教材内容,实现中级德语教学的培养目标。本书也可供其他中级水平的德语学习者自学使用。

图书在版编目(CIP)数据

　　新求精德语中级学习提要/杨建培编著. --上海:同
济大学出版社,2017.9
　　ISBN 978-7-5608-7406-7

　　Ⅰ.①新…　Ⅱ.①杨…　Ⅲ.①德语—自学参考资
料　Ⅳ.①H33

　　中国版本图书馆 CIP 数据核字(2017)第 219599 号

新求精德语中级学习提要

杨建培　编著

责任编辑 吴凤萍　　**助理编辑** 常任川　　**责任校对** 徐春莲　　**封面设计** 陈益平

出版发行	同济大学出版社　　www.tongjipress.com.cn	
	（地址:上海市四平路1239号　邮编:200092　电话:021-65985622）	
经　　销	全国各地新华书店	
印　　刷	江苏启东市人民印刷有限公司	
开　　本	889 mm×1194 mm　1/16	
印　　张	8.25	
印　　数	1—3 100	
字　　数	264 000	
版　　次	2017 年 9 月第 1 版　　2017 年 9 月第 1 次印刷	
书　　号	ISBN 978-7-5608-7406-7	
定　　价	38.00 元	

前　言

　　《新求精德语强化教程：中级学习提要》自出版以来,在帮助德语学习者提高语言能力方面,起到了良好的促进作用。通过学习本书的各项相关内容,许多同学逐渐夯实了自己的语言功底,提高了自己的语言水平,并且为通过 TestDaF 考试及 DSH 考试打下了良好的语言基础。

　　根据该书的使用反馈及《新求精德语强化教程（中级Ⅰ、Ⅱ）》第四版的部分新增内容,编者对原书做了相应的修订与补充,增加了中级Ⅱ阶段的"常用固定搭配"一章,弥补了一直没有中级Ⅱ固定搭配的缺憾。在第四章和第五章,编者根据新求精教材第四版的教学内容,对原有的话题进行了替换,方便各位读者复习所学内容。最后,本书还增加了常用缩写一章,帮助学习者更好掌握各种常见缩写。

　　由于本书兼顾了基础词汇知识的积累与语言应用能力的培养,在各种教学实践中都展现出了良好的应用性。无论是课堂教学还是课前预习及课后复习,本书都提供了多种多样的应用可能性,受到了许多教师和同学的欢迎。希望《新求精德语中级学习提要》继续帮助各位读者不断提高德语水平。

　　本书的出版得到了同济大学留德预备部领导的支持和诸多同事的帮助,同济大学出版社也给予了积极支持,在此一并表示衷心感谢。

　　欢迎各位新老读者在使用本书过程中,继续提出宝贵意见和建议,在此预先表示感谢。

编　者

2017.7

缩略词表

A	Akkusativ	第四格
Adj.	Adjektiv	形容词
D	Dativ	第三格
etw.	etwas	某些事或物
G	Genitiv	第二格
jd.	jemand	某人（第一格）
jm.	jemandem	某人（第三格）
jn.	jemanden	某人（第四格）
N	Nominativ	第一格
PI	Partizip I	第一分词
PII	Partizip II	第二分词
usw.	und so weiter	等等
v.	Verb	动词
z. B.	zum Beispiel	例如

目　录

第一章　常用固定搭配及表达式(中级Ⅰ)

　　与初级阶段的德语学习相比,中级阶段除了要掌握常见的语法知识外,还有大量的常用固定搭配及表达需要大家熟练掌握。不少同学采取了死记硬背的方式记忆单词和词组,这样的学习方式往往事倍功半,很难获得良好的学习效果。如何在有限的时间内学会各种固定搭配及常用表达,是德语学习者经常提出的问题。

　　和词汇学习一样,我们也能通过在语境中学习固定搭配及表达式的方式获得良好的学习效果。通过理解上下文所创造的语境,我们能够更好地领会某个固定搭配或者表达式的意义,能够更清楚地看到这些固定搭配和表达式的用法,日积月累,我们便能在自己讲话和写作时恰当使用这些固定搭配和表达式。在外语教学研究中,我们用"语块"这个术语来定义这些固定搭配和常用表达,即把这些由两个或者两个以上单词组成的语言单位看做一个意义整体,理解时力求把握整体性和连贯性,提高外语交流效率。掌握好常用固定搭配及表达式可以提高大家的听力水平,可以做到不纠结于某个单词就能迅速领会话语意义,另外还可以提高自身的口语表达能力,做到在表达某个特定意义时一气呵成、连贯自如。

　　本章以《新求精德语强化教程(中级Ⅰ)》为基础,精选了各教学单元中常见的固定搭配和各种表达式,帮助大家在学习中级德语Ⅰ阶段积累和掌握足够的"语块",为听力和口语等各项能力的腾飞打下扎实的基础,所选固定搭配和各种表达式也可用于本书第四、五章相关主题的谈话练习。

> **学习建议:**
> 　　根据不同的课文主题,尝试使用这些常见的固定搭配和表达式就课文主题进行写作和会话练习。

Thema 1　Essen

● 常用固定搭配

bestehen aus	由……组成
es handelt sich um	涉及
sich (D) etw. ansehen	注视,观看
typisch für ... sein	对……而言是典型的
bei hoher Temperatur	在高温下
zählen zu	属于,算作
auf niedriger Flamme	用小火
in der Regel	在通常情况下
berühmt für ... sein	以……闻名
auf keinen Fall	无论如何不
in den Sommerferien	在暑假中
jm. Sorgen machen	令……担忧

im Preis inbegriffen sein	包含在价格内
bei uns in Deutschland	在我们德国
etw. wird kalt serviert	……作为凉菜供应
sich gewöhnen an（＋A）	习惯于
andere Länder，andere Sitten	不同的国家,不同的风俗
vor allem（缩写：v.a.）	首先
vor allen Dingen（缩写：v.a.D.）	首先
in erster Linie	首先
hören von	听说……
sich zurückhalten	克制
wie vereinbart	正如所约定的
aus Sicht der Chinesen	在中国人看来
anders als …	和……不一样
bei den Tischsitten	在餐桌礼仪方面
sich（D）die Nase putzen	擤鼻涕
Geräusche machen	发出声音
im Ausland	在国外
in der Mikrowelle aufwärmen	在微波炉里加热
ein Geheimnis verraten	泄露一个秘密
sich schämen	害羞,羞愧
die staatliche Hochschulaufnahmeprüfung	高考
Nachhilfeunterricht geben	补课
im Notfall	紧急情况下
sei es … oder …	不管是……还是……
erfahren von …	从……得知
die Chinesische Küche	中国菜
eine der kultiviertesten Küchen	最文明发达的饮食之一
eine Vielzahl von Regionalküchen	许多地区饮食
sich unterscheiden von …	区别于……
innerhalb dieser Grenzen	在这个界限内
im Süden/Norden/Osten/Westen	在南/北/东/西方
für etw. sorgen	使产生,有某物,使某事发生;负责做到某事
z.B. Ich sorge dafür，dass wir genug Getränke für die Party haben.	我负责给派对提供充足的饮料。
für jn. sorgen	照顾某人
z.B. Die Eltern sorgen für ihre Kinder.	父母照顾孩子。

●常用表达式

zum Frühstück essen wir … und trinken …	我们早饭吃……,喝……
zu Abend essen wir … und trinken …	我们晚饭吃……,喝……

zu Mittag essen wir ...	我们午饭吃……
es besteht kein Zweifel, dass ...	毫无疑问……
Das ist erst mal ein Trost.	还好这点让人放心。
Nicht zu vergessen ist ...	不能忘记的是……
Ich bevorzuge/mag scharfes Essen.	我喜欢吃辣的。
Ich bin mir sicher, dass ...	我确信……
Ich möchte mich bei dir entschuldigen, dass ...	我因为……而表示歉意。
Ist das sicher?	确定吗？
Wie schön, dass ...	能……真好。
Das ist bei vielen Deutschen nicht so beliebt.	很多德国人不喜欢。
Wenn es nicht zu viele Umstände macht, würde ich gern ...	如果方便的话，我想要……
Fühl dich wie zu Hause!	就像在家一样。（不要拘束，随意一点。）
Mir fällt auf, dass ...	我注意到……
Ich danke dir, dass du gekommen bist.	感谢你前来赴约。

Thema 2　Sport

● 常用固定搭配

gesund bleiben	保持健康
Freude an etw. (D) haben	在某事上有乐趣
den ganzen Tag	整天
am Schreibtisch sitzen	坐在写字台旁
leiden unter etw. (D)	受……的苦
genug Bewegung haben	有足够的运动
den Vorteil haben, etw. zu tun	优点是……
Gewicht verlieren	减轻体重
sich entschließen zu (+D)	决定做某事
mit etw. (D) anfangen	开始做某事
Körper trainieren	锻炼身体
jn. an etw. (D) hindern	阻止/妨碍某人做某事
Erfahrungen machen	积累经验
achten auf (+A)	注意
Gelegenheit haben, etw. zu tun	有机会做某事
in einer Gegend	在某个地区
von ... weit entfernt sein	距离……很远
Kurse anbieten	开设培训班
Lust zu etw. (D) haben	有兴趣做某事
Kosten für	……的费用
sich (D) etw. leisten können	（经济上）可以承担……
viel Geld für etw. (A) ausgeben	为……花很多钱

aus finanziellen Gründen	出于经济原因
nicht in Frage kommen	不予考虑
bei anderen Sportarten	在其他运动项目上
von etw. (D) abhängig sein	依赖……
eine große Rolle bei etw. (D) spielen	在某方面起到重要作用
an einen See gehen	到湖边
ans Meer gehen	到海边
in die Berge gehen	到山里
im Urlaub sein	在度假
sich vorbereiten auf (+A)	为……做准备
Kosten verursachen	产生费用
seit einiger Zeit	一段时间以来
sich bemühen, etw. zu tun	努力做某事
sich kümmern um (+A)	照顾,照料
im Voraus	预先
Tabletten nehmen	吃药
in der Lage sein, etw. zu tun	能够做某事
sich beschäftigen mit (+D)	从事
vor der Wahl stehen	面临选择
nach langer Überlegung	经过长时间考虑之后
jm. etw. zur Verfügung stellen	把某物提供给某人使用
sich einsetzen für (+A)	为某个目标而努力
vor Freude	由于高兴
vor Angst	由于害怕
aus Mangel an (+D)	由于缺乏……
aus Liebe zu	出于对……的爱
nichts von etw. (D) verstehen	对……一窍不通
Tag für Tag	一天又一天
mit etw. (D) Geld verdienen	通过……赚钱
in anderen Berufen	在其他职业中
Probleme mit etw. (D) haben	在某方面有问题
Stress abbauen	消除压力
sich anstrengen, etw. zu tun	辛苦地做某事
eine vierköpfige Familie	四口之家
nach einem genauen Zeitplan verlaufen	按照精确的时间表进行
investieren in (+A)	在某方面投入、投资
ins Grüne gehen	到大自然中
auf dem Eis	在冰上
in der Kindheit	在童年
von klein an/auf	从小到大
jm. etw. erlauben	同意某人做某事

an Herzkrankheiten leiden	患心脏病
mehr Selbstvertrauen gewinnen	赢得更多自信
körperliche Grenzen	身体极限
Wut rauslassen	发泄愤怒
den Puls fühlen	把脉
sich zu schöner Musik bewegen	跟着美妙的音乐运动
sich eignen für	适合做某事
Auswirkungen auf etw. (A) haben	对某事有影响
in Richtung	朝着……方向
auf großen Geländen	在较大的区域
direkt an der frischen Luft sein	在户外呼吸新鲜空气
Kosten für ... sind hoch/niedrig	……的费用高/低
nach Feierabend	下班后
geeignet für etw. (A) sein	适合……
zu Boden werfen	摔到地上
aus dem Gleichgewicht bringen	使……失去平衡
die Kunst (+G) beherrschen	掌握……的技巧
auf dem Brett	在冲浪板上
im Gegensatz zu	与……相反
Wut loswerden	摆脱愤怒
für ein oder zwei Stunden mieten	租用1或2小时
sich fit halten	保持良好状态
per E-Mail	通过电子邮件
in Briefen	在信中
in einer Spielsaison	在一个赛季中
liegen bei	(数额/数字)达到……
auf jeden Fall	无论如何
zu Hause vor dem Fernseher sitzen	在家里看电视
in die Kneipe gehen	去酒吧
Zusammenhang zwischen ... und ...	……与……之间的关系
zahlen für ...	为……付钱
sich orientieren an etw. (D)	按照,遵循
die Konkurrenz um	争夺……的竞争
in den 90er Jahren des letzten Jahrhunderts	上世纪90年代
Verträge mit jm. abschließen	与某人签订合同
in Zukunft	未来,将来
einige Zeit dauern	持续一段时间

●常用表达式

Es lohnt sich, etw. zu tun	值得做某事

So kommt es, dass ...

ein anderer (weiterer) Grund kann sein, dass ...

Es gibt sicher auch viele Fälle, in denen ...

Das stimmt nicht ganz.

Hör doch mal!

Das ist doch kein Grund.

Schluss jetzt!

Hol' es dir doch selbst!

Auffallend ist, dass ...

Man geht davon aus, dass ...

这样就使……发生

另外一个可能的原因是……

肯定也有许多情况，……

这并不完全正确。

听好了！

这可不是理由。

够了！得了！

你自己去拿吧！

引人注目的是……

认为……

Thema 3 Spracherwerb

● 常用固定搭配

mit etw.（D）anfangen

von etw.（D）überzeugt sein

jm. Adj. vorkommen

jm. merkwürdig vorkommen

Forderungen an jn. stellen

liegen bei

Schwierigkeiten überwinden

in diesen Fällen

sich（D）das Wort merken

der Reihe nach

eine Menge

z.B. eine Menge Bücher besitzen

eine Menge Fehler machen

mit etw.（D）vorwärts kommen

mit Hilfe（＋G）/von ...

großen Erfolg haben

erschrocken über etw.（A）sein

z.B. Ich war über sein Aussehen erschrocken.

in vielen Fällen

jm./etw.（D）begegnen

am Anfang

etw. auswendig lernen

sich（D）denken, dass ...

fähig zu ... sein

sich（D）etw. erklären

z.B. Ich kann mir nicht erklären, wo er die ganze Zeit bleibt.

开始做某事

确信……

某人感到……

某人感到奇怪

向某人提出要求

（原因、问题）在于……

克服困难

在这些情况下

记住单词

按照顺序

许多，大量

有许多书

犯了许多错

在某事上有进展

借助于……

卓有成效

对……感到害怕

我看到他的样子就害怕。

在许多情况下

偶然遇到某人

起初

背诵，记住

想象，料想

有能力做……

说明原因

我不能说明他这段时间待在哪里。

nach und nach = allmählich	逐渐地,不久
etw. im Wörterbuch nachschlagen	在字典中查找……
mit etw.（D）zufrieden sein	对……感到满意、满足
jm. eine Chance geben	给某人一个机会
eine Fortbildung machen	进修
sich（D）Sorgen um ... machen	担心……
sich（D）den Kopf zerbrechen	绞尽脑汁
den roten Faden verlieren	找不到思路
sich konzentrieren auf（+A）	全神贯注做某事
sich bemühen um（+A）	努力,尽力
A mit B kombinieren	把 A 和 B 组合到一起
auch wenn	即使
einen Intensivkurs besuchen	上强化班
in der deutschen Sprache	在德语中
in der ersten Stunde	在开始时
abhängen von	取决于
verzichten auf（+A）	放弃
einen Satz bilden	造一个句子
aus Spaß	出于好玩
im Internet	在网上
sich（D）etw. anhören	仔细听
etw. mit etw.（D）assoziieren	把……和……联想到一起
z.B. schöne Erinnerungen mit einem Geruch assoziieren	把美好的回忆与某种气味联想到一起
eine Maschine bedienen	操作机器
in der Gebrauchsanweisung	在说明书中
eine Druckerpatrone austauschen	换墨盒
［sich（D）］Notizen machen	做笔记
stehen für	代表
im Gedächtnis behalten	保存在记忆中,记住
mit etw.（D）markieren	借助……做记号
über das Ohr lernen	通过耳朵学习
im Gespräch mit jm.	在和某人的谈话中
hantieren mit	使用(某种工具)
zum Schluss	最后
in reiner Form auftreten	以纯粹的、单一的形式出现
jm. etw. vorsprechen	教……跟着说
immer noch	一直还
in der Fremdsprache	在外语中
verantwortlich für ... sein	对……负责
mit einem Wort	总之
Voraussetzung für	……的前提条件

Angst vor（＋D）	害怕……
in den meisten Fällen	大部分情况下
wenig Erfolgsaussicht haben	成功的机会很小
mit etw.（D）zu tun haben	与……有关系
im Übrigen	顺便
sich wohl fühlen	感觉很好
im Kreis der anderen	在别人的圈子里
teilnehmen an（＋D）	参加
sitzen bleiben	留级
von der Schule her	从上学读书以来
sich passiv verhalten	行为消极
eines Tages	有一天
auf diese Weise	用这种方式
nach wie vor	自始至终
Meiner Ansicht/Meinung nach	按照我的观点

● 常用表达式

So ein Zufall!	真巧啊！
Nun kommen Sie an die Reihe.	轮到您了。
Nun sind Sie an der Reihe.	轮到您了。
Gott sei Dank!	谢天谢地！
Ich brauche nur/nicht … zu tun.	我只（不）需要做……
Ich komme mit etw.（D）zurecht.	我能对付……
Ich habe den Eindruck，dass …	我的印象是……
Das kann ganz schön lästig sein.	这会令人非常烦恼。
Ich finde es toll.	我觉得这太好了。
Davon halte ich viel/wenig.	我认为这很重要/不重要。
Es liegt an（＋D）	原因在于……
etw. ist dann …，wenn …	当……（实现后），才……
Das bringt nichts.	不会带来任何结果。
Der Erfolg ist gering.	没什么成效。
Der Grund liegt darin，dass …	原因在于……

Thema 4　Verkehr

● 常用固定搭配

verstehen unter（＋D）	对……的理解
Vorteile mit sich（D）bringen	带来好处
eine Wahl treffen	作出选择
Argumente für etw.（A）	支持……的论据

die Verbindung zwischen ... und ...	……和……之间的连接
die Zeit aufwenden	花时间
ein Schritt zu etw.（D）	向着……的一步
Geld für ... ausgeben	为……花钱
jn. an etw.（A）binden	使某人受……约束
Verschwendung von	浪费……
auf keinen Fall	无论如何不
in Form von	以……的形式
für ein Jahr gelten	有效期一年
eine Bahn-Card besorgen	弄到一张乘车优惠卡
aus Sicherheitsgründen	出于安全上的考虑
einen guten Eindruck von ... haben	对……有很好的印象
einen Eindruck auf ... machen	给……留下印象
ins Fitnessstudio gehen	去健身房
innerhalb von einem Jahr	一年之内
in die Busse und U-Bahnen stürmen	涌进公交车和地铁
Ampeln oder Fußgänger beachten	注意交通信号灯和行人
in den letzten Jahrzehnten	近几十年来
vor allem aus diesem Grund	首先由于这个原因

● 常用表达式

Es gibt genug Argumente dafür, dass ...	有足够的理由支持……
hinzu kommt, dass ...	还有……
Kannst du dir vorstellen, ...？	你能想象一下……吗？
Ich kann es mir schwer vorstellen.	我很难想象这件事。
Der größte Vorteil ist, dass ...	最有利的一点是……
Da kann ich es gut verstehen, dass ...	我能够很好地理解……
Ich habe den Eindruck, dass ...	我的印象是……

Thema 5　Kulturelles

● 常用固定搭配

ein Symbol für	……的象征
als ... ansehen	将……视为……
auf der Messe	在展览会上
Lizenz für	……的许可
auf Wunsch seines Vaters	按照他父亲的意愿
ein Amt als ... übernehmen	接受一个……职位
in seinem Leben	在他的一生中
im Alter von	在……岁的时候

sich lange mit etw. (D) beschäftigen	长期研究……
während seines Lebens	在他有生之年
außerhalb von Deutschland	在德国之外
innerhalb von einem Jahr	一年之内
in der Gemeinde	在乡镇
etw. als ... bezeichnen	把……称作……
ein Vorbild für	……的榜样
ein Drehort für	……的拍摄地
auf Seen und Flüssen	在湖面和河面上
das Wahrzeichen für	……的标志
der Grund für	……的原因
eine der größten Kirchen	最大的教堂之一
sich drehen um	围绕着
aus aller Welt	来自世界各地
Ansehen haben/genießen	拥有/享有威望
das Filmfestival eröffnen	电影节开幕
Preis vergeben/bekommen	颁发/获得奖励
die Bedeutung wiederbeleben	使重新获得意义
die Position stärken	加强地位
das Interesse an (+D)	对……的兴趣
in den ersten Jahren	在最初几年
unter künstlerischen und filmwirtschaftlichen Aspekten	从艺术和电影经济的角度来看
Internationales Shanghaier Filmfestival	上海国际电影节
ein hohes internationales Ansehen	崇高的国际声望
das Festival organisieren/veranstalten	举办/组织节日盛会
nach der Wiedervereinigung Deutschlands	在(1990年)两德重新统一后
speziell für	对……是很特别的
an Prestige gewinnen	获得声望
Preis für ...	对……的奖励
zu Ende gehen	结束
als ... auszeichnen	作为……(予以)嘉奖
Preis für die beste Regie	最佳导演奖
Preis für das beste Drehbuch	最佳剧本奖
Preis für die beste Kamera	最佳摄影奖
gehen an (+A)	颁发给……
z.B. Die Auszeichnung für die beste Kamera ging an den italienischen Film.	最佳摄影奖颁发给了这部意大利影片。
ein Begriff sein	著名的
gewürdigt werden	受到礼遇
ein Muss für jn. sein	对某人来说是必须要做的
auf der ganzen Welt	在整个世界

eine Veranstaltung organisieren/planen/durchführen　　组织/计划/举办活动

alle drei Jahre　　每三年一次

zum 250. Todestag　　在逝世 250 周年纪念日

in ganz Deutschland　　在整个德国

jeder Vierte　　每四个人中有一个

in den 1980er Jahren　　在 20 世纪 80 年代

sich orientieren an（+D）　　依照……的方向

etw.（A）mit etw.（D）verbinden　　将……和……相结合

Sicherheitsmaßnahmen treffen　　采取安全措施

Besucher anlocken/anziehen　　吸引游客

Kosten reduzieren　　降低费用

Objekte ausstellen　　展出物品

das Besondere an（+D）　　……的特别之处

einen Artikel verfassen　　撰写文章

ins Schwarze treffen　　一语中的，说到点子上

in letzter Zeit　　最近

durch Greifen begreifen　　通过亲手操作来理解

mit eigenen Augen sehen　　亲眼目睹

● 常用表达式

Man hat den Eindruck，dass ...

人们的印象是……

z.B. Man hat den Eindruck，dass das Interesse an der Berlinale wächst und wächst.

大家有这样一种印象，就是人们对柏林电影节的关注越来越多。

Können Sie das bestätigen?

您能对此予以证明吗？

... hat eine lange Tradition als ...

作为……，……有很久的传统了。

z.B. Berlin hat eine lange Tradition als europäische Kunstmetropole und Filmstadt.

柏林作为欧洲的艺术中心和电影之城，有着很久的传统。

Was unterscheidet aber die Berlinale von diesen anderen Festivals?

什么使柏林电影节区别于其他电影节呢？

Immer wieder wird überlegt，...

人们反复思考的是……

z.B. Immer wieder wird überlegt，wie die Berlinale ihre Position stärken kann.

人们反复思考，如何加强柏林电影节的地位。

Ich persönlich finde ...

我个人认为……

Was ist das Besondere am Deutschen Museum?

德国博物馆的特别之处在哪里呢？

ohne ... ist ... nicht denkbar

没有……就没有……

Thema 6 Jugend

● 常用固定搭配

unter diesem Aspekt	在这方面
aus dieser Perspektive	从这个角度
sich（D）etw. erwerben	获得
im Alter von	……岁的时候
die Einstellung zu	对……的态度
sich zu . . . äußern	就……表达观点
vor diesem Hintergrund	在这种背景下
stärker an Bedeutung gewinnen	越来越有重要意义
laut der Studie	根据研究
mit jm. auskommen	和某人相处融洽
eine Familie gründen	建立家庭
sich（D）Kinder wünschen	想要孩子
verzichten auf（+A）	放弃
mit etw.（D）konfrontiert sein	面对……
sich（D）etw.（G）bewusst sein	意识到
sich abgrenzen von	与……划清界限
im Vorschulalter	学龄前
besorgt sein = sich（D）Sorgen machen	担心,忧虑
sich bewerben um（+A）	申请
sich entscheiden für	选择
sich vorbereiten auf（+A）	准备
kennzeichnend für	对……有代表性
Verständnis haben für	理解
fertig mit . . . sein	完成某事
in der Vergangenheit	在过去
immer wieder	一而再,再而三
stehen für	代表
scheitern an（+D）	在某事上失败
Selbstmord begehen	自杀
sich etw.（D）anpassen	适应
im Mittelpunkt stehen	受到关注
bereit für . . . sein	为……准备好的

● 常用表达式

Der Schwerpunkt liegt auf . . .	重点在……

Thema 7　Liebe und Familie

●常用固定搭配

aus verschiedenen Perspektiven	从不同视角出发
die Liebe zu	对……的爱
sich mit jm. anfreunden	与某人成为朋友
sich mit jm. verloben	与某人订婚
sich von jm. trennen	与某人分手
sich scheiden lassen	离婚
sich erinnern an（+A）	回忆起,想起
etw. zur Verfügung stellen	某物供某人使用（主语为人）
zur Verfügung stehen	某物供某人使用（主语为物）
etw. an jn. vererben	将某物遗留给某人
etw. von jm. erben	从某人处继承某物
jm. unter die Arme greifen	帮助某人
in zunehmendem Maße	越来越多地
für immer und ewig	永远
herzlich willkommen zu	衷心欢迎
sich beziehen auf（+A）	与……有关
in diesem Fall	在这种情况下
unter der absoluten Herrschaft	在绝对统治下
Autorität verlieren	失去威信
ins Berufsleben eintreten	开始职业生涯
in der heutigen Gesellschaft	在今天的社会中
streben nach	追求
äußere und innere Sicherheit	内在和外在的安全
der Gefahr begegnen	面对危险
in der Massengesellschaft vereinsamen	在大众社会中变得孤独
die Entscheidung bereuen	后悔这(那)个决定
eine glückliche Ehe führen	过幸福的婚姻生活
sich selbst verwirklichen	实现自我
keinen Zweifel an（+D）haben	对……没有怀疑
die Hoffnung noch nicht aufgeben	还没有放弃希望
auf jeden Fall＝auf alle Fälle	无论如何
jm. etw. einreden	劝说某人
sich niemals einsam fühlen	从不感到孤独
viele Ablenkungen haben	有很多分心的事
vom Studium und von meiner Arbeit her	从上大学和工作起
als Schande gelten	被视为耻辱

im Gegenteil	相反
auf diese Art und Weise	用这种方式
in den Vordergrund treten	到幕前，变得重要
in den Hintergrund treten	退到幕后，不再重要

●常用表达式

Ich gehöre eben nicht richtig dazu.	我本来就不是那样的人。
immer für jn. da sein	一直为某人存在
Ich habe meine Ruhe.	我可以不受打扰。
Das kommt auch mal vor.	这有时也会发生。
Was sagt ... dazu?	某人是什么意见？
Gemeinsam ist ihnen allen，dass .../Ihre Gemeinsamkeit ist，dass ...	它们的共同点是……
Dies gilt vor allem dann，wenn ...	这特别适用于在……情形下

Thema 8   Vorbereitung auf den Deutschland-Aufenthalt

●常用固定搭配

im positiven Fall	在确定录取的情况下
sich bewerben um（+A）	申请
ein Studium absolvieren/beenden/abschließen	大学毕业
mit dem roten Rundsiegel	带有红章
mit dem runden Prägesiegel	带有钢印
beglaubigt sein	公证过的
spätestens am 15. Juli	最迟在 7 月 15 日
die Aussicht auf（+A）	……的前景
in Höhe von	高达……（米，金额等）
mit guten Wünschen für	衷心祝愿
ein hohes Sprachniveau	较高的语言水平
sich beziehen auf（+A）	涉及
im Vergleich/Unterschied/Gegensatz zu	与……相比、不同、相反
über etw.（A）Bescheid wissen	知道……
großen Wert auf etw.（A）legen	对……非常重视
eine Grundvoraussetzung für	……的基本条件
im beruflichen Alltag	在日常工作中
in der Praxis	在实践中
im Hinblick auf	鉴于
aus diesem Grunde	基于此原因
Seminare besuchen	上讨论课
den Kontakt zu jm. pflegen	保持和某人的联系

Kontakte mit jm. aufnehmen 与某人建立联系

bei der Suche nach … helfen 在寻找……时给予帮助

innerhalb von drei Monaten 三个月内

über den erlaubten Rahmen hinaus 超出所允许的框架

eine Klausur schreiben 参加（大学课程）闭卷考试

einen Deutschkurs absolvieren 德语课程结业

speziell für … sein 是……的特别之处

eine Prüfung ablegen 参加考试

auf der Webseite 在网页上

per Internet 通过网络

sich anmelden zu（＋D） 报名参加……

eine Hypothese bilden 提出假想

auf der Grundlage 在……的基础上

die Voraussetzungen erfüllen 满足前提条件

●常用表达式

Bitte reichen Sie frühzeitig ein. 请尽早递交。

Sie haben Recht. 您说得对。

Worauf soll man achten? 应该注意哪些事项？

Es sei auch ausdrücklich davon abgeraten, dass … 强烈建议不要做某事

Es lohnt sich auf alle Fälle, dass …/… zu … 无论如何值得做某事

Es kommt zu Missverständnissen. 产生误会

Nichts steht im Wege. 没有阻碍

Thema 9　Kulturerbe Chinas

●常用固定搭配

die taoistische Philosophie 道家哲学

nach Norden/Süden weisende Seite 朝北/南的方向

die Bezeichnung für ……的称谓

nach und nach 渐渐地

mit … gleichsetzen 和……对等起来

daraus abgeleitet 从中引申出来

mit der Zeit 随着时间的推移

sich ergänzen 互相补充

sich bekämpfen 互相斗争

in einem Zusammenhang stehen 处在相互联系中

ineinander verschlungen sein 互相融合

eine Einheit bilden 成为一个整体

etw. in Ordnung bringen 使……井井有条

dem Ursprung nach	按照来源
die Große Mauer besteigen	登长城
eine Art von Sport	一种运动
auf die chinesische Geschichte zurückblicken	回溯中国历史
in der Zeit der Streitenden Reiche	在战国时代
sich als ... erweisen	证明是
etw. droht einzustürzen	……快要垮塌
bei klarem Wetter	在天气晴朗时
vom Flugzeug aus sehen	从飞机上向外看
im Abstand von 300 bis 500 Metern	间隔 300 到 500 米的距离
verfügen über（+A）	拥有
beruhen auf（+D）	以……为基础
als ein einheitliches Ganzes sehen	作为一个整体看待
die Lehre von den fünf Elementen	五行学说
in gewissem Umfang	在一定范围内
im Sinne der TCM	按中医理论
die Suche nach	寻找
in vielen alten Kulturen	在许多古老的文化中
seit geraumer Zeit	很久以来
von guter Qualität sein	质量上乘
gelten als	被视为
in der Mitte des 8. Jahrhunderts	在 8 世纪中叶
Krieg führen mit	发动与……的战争
in arabische Gefangenschaft geraten	被阿拉伯人俘虏

●常用表达式

Endlich geschafft!	终于做到了！
Was ist denn das für ein Turm?	这是怎样的一座塔？
Wenn ich mich richtig erinnere, ...	如果我没记错的话，……

Thema 10　Sozialversicherung

●常用固定搭配

sich als ... verstehen/definieren	理解为/定义为
begreifen als	理解为
zum Schutz vor（+D）	为了免受……侵害
mit der Einführung	通过采用
zum Vorbild für ... werden	成为……的榜样
Erfolg erzielen	获得成功
mit Blick auf（+A）	考虑到

der Anteil an（＋D）	在……上的份额
in Verbindung mit	与……相联系
an die Grenzen führen	把……推向边界
Herausforderungen begegnen	迎接挑战
im Vergleich zu	与……相比
im gleichen Zeitraum	在同一时间段
die medizinische Versorgung	医疗条件
Versicherungen abschließen	参加保险
sich（A）einer Untersuchung（D）unterziehen	接受体检
im Gegensatz dazu	与之相反
auf der Magnetkarte speichern	在磁卡上储存
von（＋D）befreit werden	免除……
Voraussetzungen erfüllen	满足先决条件
krankgeschrieben sein	开了病假条的
im Einzelnen	详细地
gesetzlich krankenversichert sein	参加了法定医疗保险
im Quartal	一个季度内
nähere Auskünfte über（＋A）	关于……的进一步消息
Kosten übernehmen	承担费用
bei akuten Schmerzen	在急性疼痛的时候
ambulant behandeln	急诊治疗
stationär behandeln	住院治疗
den Pfeilen folgen	按照箭头指示
verwechseln mit	混淆
rezeptfrei und rezeptpflichtig	非处方的和处方的
schwer krank sein	得了重病
einbeziehen in（＋A）	包含在……里
die Rechnungen begleichen	做平账目

● 常用表达式

Es ist unter gewisser Voraussetzung möglich.	在一定条件下是可能的。
Hätten Sie ein paar Minuten Zeit für mich?	能耽误您几分钟吗？
Das ist wirklich ein Kapitel für sich.	这的确很复杂。
Darf ich Ihnen ein paar Fragen stellen?	我可以问您一些问题吗？
Meiner persönlichen Meinung nach …	我的个人观点是……
Würden Sie mir das bitte erklären?	您可以给我解释一下吗？
Zu Hause ist der Teufel los.	家里一团乱麻。
Was ist mit Pflegeversicherung gemeint?	护理保险指的是什么？
unter … versteht man …	人们把……理解为……
die Tendenz ist, dass …	趋势是……

Die Krankenkasse übernimmt die Kosten.   医疗保险公司承担各项费用。

Thema 11   Freizeit

●常用固定搭配

etw. steht bei jm. hoch im Kurs	受到某人的欢迎
voll im Trend liegen/sein	正时兴,正是流行的潮流
ein deutliches Plus	明显的增长
Anspruch auf etw.（A）haben	有权利要求某事
ein Minus von zwanzig Prozent	降低 20%
keine Seltenheit sein	常见
Fähigkeiten erwerben	获得能力
einen Computerkurs machen	上电脑课
im eigenen Land	在自己的国家
an die Nordsee fahren	去北海
in die Alpen fahren	去阿尔卑斯山
viel Geld für … ausgeben	为……花很多钱
ein durchschnittlicher Haushalt	一个中等家庭
im Freizeitbereich	在休闲行业
im Dienste … stehen	为……服务
zu hohes Körpergewicht haben	过度肥胖
Gefahren für … mit sich bringen	带来……的危险
Aufrechterhaltung der Gesundheit	保持健康状态
Freizeit gestalten	安排业余时间
im letzten Jahr	去年
so wenig wie möglich	尽可能少
in der Tat	事实上
Sport treiben	体育锻炼
in den letzten Jahren	近年来
entscheidend für … sein	对……是决定性的
zu kurz kommen	被忽视,不被重视
einen … Lebensstil führen	践行一种……生活方式
mit einem Wort	一句话
alles in allem	总之

Thema 12   Feste und Feiertage

●常用固定搭配

in verschiedenen Gegenden	在不同的地区
sich wundern über（+A）	对……感到惊讶
über Nacht	一夜之间

sich verwandeln in（＋A）	变成
sich umarmen	拥抱
hin und wieder＝manchmal	有时候
der Überlieferung nach	根据传说
zum Gottesdienst in die Kirche gehen	到教堂做礼拜
um Mitternacht	午夜时分
auf ihrer Wunschliste	在他们的愿望单上
sich beklagen über（＋A）	抱怨
voller Erwartung sein	充满期待
sich verkleiden als	装扮成
Besuche bei jm. machen	拜访某人
ein jährlicher Höhepunkt im Familienleben	一年中家庭生活的高潮
ein Fest besuchen	观看节日庆祝
auf etw.（A）zurückgehen	追溯到
Hochzeit feiern	庆祝婚礼
von etw.（D）begeistert sein	为……感到振奋
benennen nach	以……命名
zu dieser Zeit	在这段时间
im Nachkriegsdeutschland	在战后的德国
nach der Tradition	根据传统
hohen Respekt verdienen	获得极高的尊重
auf dem Oktoberfest	在啤酒节上
typisch bayerische Speisen	典型的巴伐利亚菜
Bierzelte betreiben	经营啤酒帐篷
bis zu 12 Maß	直到 12 升
den Reiz ausmachen	成为魅力之所在
mindestens einmal im Leben	一辈子至少一次
die Auferstehung Jesu	耶稣的复活
wird von … abgeleitet	从……引申而来
zur Erinnerung an die Befreiung	为了纪念"被解放"
ein Symbol für …	……的象征
in früheren Zeiten	在以往的时代
zum Opfer bringen	成为牺牲品
Kräfte stärken	增强力量
… von … unterscheiden	将……与……相区分
ein Zeichen für …	……的标志
im Frühjahr	在年初的时候
vorüber sein	已经过去
in einigen Teilen Deutschlands	在德国的一些地区
feiern mit	用……来庆祝
bis spät in die Nacht	直到深夜

von einer Gastwirtschaft in die andere	从一个小酒馆到另一小酒馆
die Kosten tragen	承担费用
eine Menge Geld	很多钱

●常用表达式

Viel Vergnügen!	玩得愉快！
Scherben bringen Glück.	碎片带来幸运。

Thema 13　Ausländer in Deutschland

●常用固定搭配

eine Ausbildung machen	参加培训
sich wie zu Hause fühlen	感觉像在家里一样
Erfahrungen erweitern	丰富经验
sich (D) Gedanken über etw. (A) machen	思考
sich mit ... gut verstehen	与……相处得好
in enger Nachbarschaft	相依为邻
kein Wort Deutsch sprechen	完全说不了德语
ein halbes Jahr	半年
allmählich = nach und nach	逐渐地
etwas spricht sich herum	广为流传
sich beteiligen an (+D)	参加
zum Amt gehen	去机关(办公场所)
einen Beruf erlernen	学会一门职业
als Lehrbeauftragte für Spanisch	作为西班牙语的教师
auf Raten abzahlen	分期付款
sich telefonisch anmelden	打电话预约
klagen über (+A)	抱怨
eine Familie gründen	组建家庭
etw. kommt jm. über die Lippen	脱口而出
voller Sehnsucht	满怀思念
Heimweh haben	想家
sich distanziert verhalten	行为举止保持距离
Kontakt zu (+D) haben	与……有联系
unfreundlich behandelt werden	受到不友好地对待
die gleichen Rechte genießen	享受同样的权利
eine Meinung äußern	表达观点、看法

Thema 14　Bildung und Ausbildung

●常用固定搭配

sich informieren über（＋A）	了解关于……的信息
sich an jn. wenden	向某人求助
gelten für	对……有效
geeignet sein für	适合
jm. offen stehen	由……决定，……可以自由选择
an einer Prüfung teilnehmen	参加考试
bei einer Prüfung durchfallen	考试失败
ein Referat halten	作口头报告
sich spezialisieren auf（＋A）	专攻
sich bemühen um（＋A）	努力得到
ehrlich gesagt	老实说
gern geschehen	不客气
einen Titel bekommen	获得头衔
einen Titel vergeben	授予头衔
profitieren von	从……获益
wenig Sinn machen	没什么意义
Wert auf（＋A）legen	重视
sich beschränken auf（＋A）	局限于
eine Lücke schließen	填补空白
eine Qualifikation abrunden	完成资格培训
in Führungspositionen aufsteigen	升到领导岗位
ohne Übertreibung	毫不夸张地
eine Reihe von	一系列
ein weiterer Pluspunkt	另外一个优势
verglichen mit	与……相比

●常用表达式

Lange nicht gesehen!	好久不见！
Da drück ich dir die Daumen! Toi! Toi! Toi!	祝你成功！
Wie ist es mit der Arbeit?	工作(论文)进展怎样了？

第二章　常用固定搭配（中级Ⅱ）

　　本章以《新求精德语强化教程（中级Ⅱ）》为基础，精选了各教学单元中常见的固定搭配和各种表达式，帮助大家在中级Ⅱ阶段积累和掌握足够多的"语块"，为听说读写等各项能力的进一步提高夯实基础，所选固定搭配和各种表达式也可用于本书第四、五章相关主题谈话练习时使用。

学习建议：

　　根据不同课文主题，尝试使用这些常见的固定搭配就各种主题进行写作和会话练习。

Thema 15　Studentenleben

Interessen von . . . vertreten	代表……的利益
Dienstleistungen anbieten	提供各种服务
von . . . über . . . bis zu . . .	从……到……再到……
vor einem gigantischen Schuldenberg stehen	面临巨大的债务
beim Start ins Berufsleben	在职业生涯的开端
einen Mittagsschlaf halten	睡午觉
jm. Rat geben	给某人建议
im Studienalltag	在大学生活中
in Prüfungen unberechenbare Fragen stellen	在考试中提出让人始料不及的问题
aus wohlhabenden Familien kommen	来自富有的家庭
mit . . . konfrontiert sein	面临
auf dem Campus	在校园里
zuneigen，etw. zu tun	倾向于做某事
sich wenden an（＋A）	向……求助
das Recht auf . . . haben	拥有……的权利
einen Einfluss auf（A）haben	对……有影响
Seminare belegen	参见讨论课
Fristen einhalten	遵守期限
in der Regel ＝ i. d. R.	通常情况下
auf der Homepage/ Webseite	在网页上
bei jm. vorbeikommen	去某人处一趟
sich erinnern an（＋A）	想起,回忆起
im dritten Semester	在第三个学期
zum Glück	幸运的是
im Zweifel	怀疑

einen Anspruch auf（A）haben	提出要求
in Form von BAföG/Bafög	以贷学金的形式
zu Anfang des Studiums	大学生活开始的时候
gehören zu	属于
in der örtlichen Presse	在地方报刊中
im Zuge + G / von	在……的进程中
zum Semesterbeginn	学期初
sich vorbereiten auf（+A）	为了……准备
sich beschäftigen mit（+A）	忙于……
teilnehmen an D	参加
Ich nehme an，dass …	我猜想……
Kontakt zu jm. knüpfen / haben / verlieren	与某人建立/有/失去联系
gute / schlechte Erfahrungen mit … machen	在……方面有好/坏的经验
aufjn. zugehen	朝某人走过去
im letzten Monat	在上个月
an jeder Ecke	在每个角落
scheinen zu	看上去做……
immer wieder	一而再，再而三
im Laufe der Zeit	随着时间的推移
basieren auf（+D）	以……为基础
Anfang September	九月初
sowohl … als auch …	既……又……
verfügen über	拥有
bei jm. einziehen	搬到某人处居住
in Not geraten	陷入困境
Es ist auffällig，dass …	引人注意的是……
mit einem Wort	一句话
jm. unter die Arme greifen	帮助困境中的某人
auf eigenen Vorteil bedacht sein	只考虑自己的好处
von Nationalität zu Nationalität	从一个国家到另一个国家
es schwer haben，etw. zu tun	做某事有困难
in dieser Zeit	在这段时间
zunächst einmal	首先
drei Monate im Jahr	每年3个月
genauer gesagt	确切地说
eine Ausnahme machen	例外
unter der Voraussetzung，dass …	在……的前提下
Bedingungen erfüllen	满足条件
in erster Linie	首先
in angemessener Zeit	在合适的时间
beschränkt auf A sein	限制在……

in den Semesterferien	在假期里
die Grenze überschreiten	超过界限
in Höhe von	高达……（米、金额等）
so genannt（s. g.）	所谓的
unter dieser Grenze	在这个界限下
von etw. befreit sein	免除
auf der Lohnsteuerkarte	在工资税卡上
unterhalb dieser Grenze	在这个界限以下

Thema 16 Mann und Frau

im Grundgesetz	在基本法中
ein erhebliches Stück vorankommen	前进一大步
Fortschritte machen	取得进步
im Bildungsbereich	在教育领域
im Bereich …	在某个领域
der Anteil an …	……的份额
knapp / fast / beinahe	将近
eine Prüfung ablegen / machen	参加考试
an einer Prüfung teilnehmen	参加考试
sich an einer Prüfung beteiligen / die Prüfung bestehen	参加/通过考试
einen Beruf ergreifen	从事职业
in Teilzeit	部分时间
in niedriger/ hoher Position	在低/高的职位
mit etw. zu tun haben	和……有关
bei der Karriere	在职业生涯中
beim beruflichen Aufstieg	在职务的晋升上
die Arbeit erledigen	完成工作
unter bestimmten Bedingungen	在一定条件下
machen von diesem Recht Gebrauch	使用这项权利
in der Politik	在政治领域
jeder / jede / jedes dritte	三分之一
im gleichen Jahr	同年
nach wie vor	自始至终
stoßen auf	遇到（困难）
SPD = Sozialdemokratische Partei Deutschlands	德国社会民主党
CDU = Christliche Demokratische Union	基督教民主联盟
FDP = Freie Demokratische Partei	德国自由民主党
Versprechen halten	遵守承诺
Ärger bekommen	惹上麻烦

in einigen Sachen / Dingen	在一些事情上
jedes Jahr in den Urlaub fahren	每年度假
die Familie versorgen / ernähren	养家糊口
jm. den Rücken frei halten	做某人坚强的后盾
den Beruf mit der Familie vereinbaren	协调家庭与工作
prinzipiell / grundsätzlich	原则上
von mir aus	个人认为
verzichten auf (+A)	放弃
in der Technik	在技术领域
Erfahrungen sammeln	积累经验
an erster Stelle	首先
Kontakt zu jm. knüpfen	与……保持联系
in den Beruf einsteigen	进入职场
sensibel für...sein	对……敏感
um jeden Preis	无论如何
zuständig für...sein	对……负责
Es ist mir gelungen, etw. zu tun	我做到了……
sich allein um das Baby kümmern	独自照顾孩子
Konkurrenten bekommen	有竞争对手
in der Rolle als	在作为……的角色上
Tag für Tag	日复一日
Rollen tauschen	交换角色
das Verhältnis zu	与……的关系
in den Augen von jm.	在某人的眼中
sich trauen, etw. zu tun	敢于做某事

Thema 17 Medien

Information aufzeichnen / speichern / weiterreichen	记录/贮存/传递信息
im Hinblick auf	在……方面
auf dem Gebiet (+G)	在……领域
im wöchentlichen Rhythmus	每周
sorgen für	操心
etw. an den Rand drängen	把……挤到边缘
Funktionen übernehmen	承担多种功能
am eigenen Leib erleben	亲身经历
in Ruhe	安静的
auf der Autobahn	在高速公路上
auf der Suche nach	在寻找……的过程中
aus ... Ernst werden	某事变成真事
ich gehe davon aus, dass ...	我的出发点是

das erste Stock	二楼
über eine Flache von ... verfügen	占地面积为……
Experten weisen darauf hin, dass ...	专家们指出……
im Umgang mit	跟……打交道
appellieren an（+ A）	呼吁
vor kurzem	不久前
Mitte der 80er Jahre	八十年代中期
bis in die jüngste Zeit	直到现在
reagieren auf（+ A）	对……做出反应
zum Teil deutlich absenken	部分地明显下降
das Problem ist eher, dass ...	这个问题更应该是……
im Wesentlichen	基本上，本质上
Auswirkungen auf etwas haben	对……有影响
hängen bleiben	停留在
fix und fertig sein	筋疲力尽
diskutieren über（+ A）	讨论
der Einfluss auf（+ A）	对……的影响
eine große Rolle spielen	扮演着重要的角色
von klein auf	从小
mit etwas fertig sein	做完某事
sich anders verhalten	不同的表现
ab und zu	有时
dann schaut es anders aus	那就完全不一样了
in diesem Fall	在这种情况下
enden mit（+ D）	以……结尾
sich verblöden lassen	使自己变笨
nach wie vor	自始至终
immer mehr	越来越多
Es kommt darauf an, ...	视情况而定
viel besser	好得多
immer besser	越来越好
etwas besser	好一些
in Zukunft	将来
ins Netz / ins Internet / online gehen	上网
eine Webseite abrufen	浏览网页
mit ... Jahren	……岁时
im Alter von ... Jahren	在……岁时
nicht unbedingt	不一定
Oft ist es der Fall, dass ...	经常的情况是
eine Zeitlang	一段时间
Absprache treffen	讨论（约定，协商）

Maßstäbe anlegen　　　　　　　　　　　　　　　定下标准

Thema 18　Wirtschaft

soziale und wirtschaftliche Situation	社会和经济形势
Waren gegen Waren tauschen	物品交换
über Nacht	一夜之间
jm. / etw.（D）zur Verfügung stellen	向某人提供……
basieren / beruhen auf（+D）	以……为基础
Voraussetzung für etw. schaffen	为……创造条件
ein soziales Netz	社会网络
sich wundern über（+A）	对……感到惊讶
jn. bewundern	赞叹某人
als Erstes ist … zu nennen / erwähnen	首先要提到的是……
jm. / etw.（D）zu verdanken sein	归功于某人/某事
mit etw. konfrontiert sein	面对……
zählen zu	把……算作
gelten als	被视为,被看作是
der Anteil liegt bei …	所占份额为……
an etw.（D）interessiert sein	对某事感兴趣
sich interessieren für etw.（A）	对某事感兴趣
im Wert von …	价值为……
im Sinne + G	在……意义上
in Hinsicht auf A	在……方面
jn. vor etw.（D）stellen	使某人面对……
im internationalen Vergleich	在世界范围内的比较
für etw.（A）bekannt sein	因……出名
sich auseinandersetzen mit	深入研究,探讨
etw. mit etw.（D）verbinden	结合
empfinden/betrachten/ansehen etw./jn. als etw.（A）	把……看作……
bei näherer Analyse	在进一步的分析中
sich erweisen als etw.	证明是……
zum Verschwinden bringen	消亡,消失
verloren gehen	丢失
bestehen in etw.（D）	(原因等)在于
sich konzentrieren auf A	集中注意力在……上
integrieren in etw.（A）	融入
verdienen mit etw.（D）	通过……赚钱
gut 1 Prozent	足足(正好)1个百分点
ungelernte Arbeitskräfte	没有接受过培训的劳动力
profitieren von etw.（D）	从……中获益

auf dem Land	在农村
was jn. / etw.（A）betrifft，...	就某人/某事而言
zum Umweltschutz	为了环境保护
ins Ausland verlagern	转移到外国
Arbeitsplätze verlieren	工作岗位缺失
Wettbewerbsfähigkeit erhalten und steigern	保持和提高竞争力
im vergangenen Jahrzehnt	在过去十年
die verarbeitende Industrie	加工工业
neue Absatzmärkte erschließen	开发新的销售市场
sich beziehen auf A	涉及，关系到
beurteilen ... als ...	把……评价为……
Produktionskosten reduzieren	降低生产成本

Thema 19　Konsumgesellschaft

im Stadtteil Bockenheim	在 Bockenheim 地区
Umsatz vergrößern	扩大销售额
aus welchem Grund auch immer	不管出于什么原因
sich aus ... folgern lassen	从……中得出结论
Das taugt nichts.	这东西没有用处。
nach Herzenslust wählen	随心所欲地挑选
Es mag sein，dass ...	有可能
im Gegensatz dazu	与之相反
immer in der besten Höhe	总是在最佳高度
Wünsche wecken	唤醒愿望
in einer Ecke	在角落里
mit demselben Blick	用同样的目光
weniger als	少于
führen zu	导致
von Anfang an	从一开始
fühlen sich ＋ adj.	感到
in beiden Fällen	在两种情况下
immer wieder	一而再，再而三
verzichten auf（＋A）	放弃
Maßnahmen ergreifen	采取措施

Thema 20　Arbeitswelt

beiseite drängen	挤到一边
eine Aufgabe übernehmen	承担一项任务

von ... bis hin zu	从……到……
im kommenden Jahr	来年
in größeren Mengen	大量的
Das hört sich gut an.	听起来不错
in den Jahren von ... bis...	从某年至某年
im Zeitraum von ... bis ...	从某时到某时的时间段里
Geld für ... ausgeben	为……而花钱
Das bringt nichts.	这没用
in nennenswerter Weise	以值得一提的方式
und zwar	即
z. T. = zum Teil	部分地

Thema 21　Europa

ehren als	作为……尊敬
in der späteren Antike	在古典时期晚期
die Auseinandersetzung um	关于……冲突
zur Macht kommen	上台,掌权
Niederlage erleben	经历失败
sich beteiligen an D	参加
als eine Bürgerpflicht ansehen	把……视为公民的义务
die Liebe auf den ersten Blick	一见钟情
die Bekanntschaft mit	认识……
die große Mehrheit	大部分
profitieren von	获益
zwingen zu	强迫做……
sich erklären dadurch; dass...	可以解释为……
umrechnen in	换算成(某种货币)
jm. schwer fallen	感到困难
stehen für	代表
in den Punkten	在这几点上
Unterschiede verschärfen	扩大差距
sich sorgen um A	为……担心
ein Sündenbock für	……的替罪羊
die Wille zu	……的意愿

Thema 22　Entwicklung der Erdbevölkerung

etw. auf einen Nenner bringen	简单而言
eine Orientierung gewinnen	辨明方向
Feststellung treffen	确认

der Abbau des schützenden Ozonschildes	对保护性臭氧层的破坏
der Raubbau an den Regenwäldern	对雨林的滥伐
die schonungslose Ausbeutung	无节制的开发
das exponentielle Wachstum	(指数式的)增长
in der Steinzeit	石器时代
in Einklang mit etw. leben	与……和谐地生活
für die damaligen Verhältnisse	就当时情况而言
befreien aus	从……脱离出来
in der Folge von	紧随……而来
fossile Energiereserven	化石能源
jn. mit etw. versorgen	向某人提供某物
in die Zukunft sehen	展望未来
Modell konstruieren	建立模型
wie bisher	如目前一样
in absehbarer Zeit	不久以后
viermal so viel	四倍
der Bedarf an	对……的需求
darüber hinaus	此外
anfällig für … sein	对……无抵抗力的
Arten von	……的种类
rechnen mit	估计……
Gesamtproduktion an	……的总产量
einer der Gründe liegt darin, dass …	原因之一在于
ein Tropfen auf dem heißen Stein	杯水车薪
den Hunger（auf der ganzen Welt）verringern	减少（全世界范围内的）饥饿
mit … zu tun haben	与……有关
in Form von	以……形式
die Serie der Umweltkatastrophen	一系列环境灾难
Bedürffnisse stillen	满足需求
grundsätzlich / im Grundsatz / im Prinzip / im Grunde genommen	原则上，根本上
in ein Elend hineingeboren werden	出生在贫困中
sich（D）Gedanken über etw.（A）machen	思考，思索
jeder einzelne / jeder Mensch	每个人
ein Ziel setzen	设立目标
sich entschließen，etw. zu tun	决定做某事
in Anbetracht（G）/ angesichts（G）	鉴于，考虑到
im Hinblick auf / in Hinsicht auf（A）/ hinsichtlich（G）	鉴于，考虑到
für sich selbst	为了自己
etw. in Betracht ziehen	考虑
sich etw.（D）widmen	献身于
einen Beitrag leisten	做贡献

Es ist soweit，dass …	达到……(程度)
ein Gesetz erlassen	颁布法律
im einzelnen Fall	个别情况下
in die richtige Richtung lenken	向正确的方向引导
fragen nach	询问
auf diese Art und Weise	用这种方法
abhängen von	依赖
in Anspruch nehmen	要求
hinweisen auf	指出
die Unterschiede zwischen	……之间的区别
eine Verbindung zwischen	……之间的关联
die Voraussetzung für	……的前提
der Schlüssel zu	……的关键
nachdenken über	考虑……
auf keinen Fall	不可能
auf jeden Fall	无论如何

Thema 23　Gesundleit

Leiden unter (D) / an (D)	遭受磨难/疾病
stammen von	来源于
zum Zweck	为……目的
kein Ende nehmen	(某个事件)持续进行
in dem Augenblick	在那一刻
bei der Verarbeitung	在加工时
benötigen zu…	为……(目的)需要
in einem Zusammenspiel stehen	共同参与
in der Psyche	在心理上
aus Reserven holen	从储备中获取
liegen in D	存在……之中
bei all diesen Krankheiten	在所有这些疾病中
die psychische Verfassung	心理状态
Es ist anzunehmen，dass…	可以猜想的是……
In diesem Zusammenhang	在这种情况下
Verbrauch an D	消耗
regelmäßig Sport treiben	有规律的运动
sich ausgewogen ernähren	均衡饮食
sich wohl fühlen	感觉良好
einen Fehler begehen	犯错误
jn. fett machen	使某人长胖
jodiertes Speisesalz	加碘食盐

Lassen Sie sich Zeit. 　　　　　　　　　　　慢慢享用（美食）

etwas für Fitness tun 　　　　　　　　　　　做些有益健康的事

ausreichen für 　　　　　　　　　　　　　　对……是足够的

in Sachen „Essen und Trinken" 　　　　　　在"吃与喝"的事情上

Es lohnt sich, etw. zu tun 　　　　　　　　值得做……

achten auf A 　　　　　　　　　　　　　　注意……

in kleinen Mengen 　　　　　　　　　　　　少量的

Soweit es geht. 　　　　　　　　　　　　　只要可能的话。

Greifen Sie zu! 　　　　　　　　　　　　　开动吧（餐前用语）！

Thema 24　Psychologie

nicht einmal 　　　　　　　　　　　　　　甚至不

in einem Zustand 　　　　　　　　　　　　在某种情况下

unter Druck stehen 　　　　　　　　　　　处于压力下

jm. Freude machen 　　　　　　　　　　　让某人开心

im Universitätsalltag 　　　　　　　　　　在大学生活中

Druck standhalten 　　　　　　　　　　　抗住压力

Anforderungen nicht gewachsen sein 　　无法满足要求

eine Klausur schreiben 　　　　　　　　　参加考试

doppelt belastet sein 　　　　　　　　　　受到双重负担

gute Noten schaffen / gute Leistungen erbringen 　考出好成绩

Punkte sammeln 　　　　　　　　　　　　积累学分

die kritische Phase 　　　　　　　　　　　关键时期

in ganz extremen Fällen 　　　　　　　　在极端情况下

sich wenden an A 　　　　　　　　　　　向……求助

psychische Erkrankungen 　　　　　　　　心理疾病

im kommenden / folgenden Semester 　　下学期

sich trauen nicht, etw. zu tun 　　　　　　不敢做某事

Praktikum/Studium absolvieren 　　　　　完成实习/学习

Komilitonen aus höhreren Semester 　　　高年级同学

viele Ablenkungen haben 　　　　　　　　有许多令人分心的事

in normalen Grenzen bleiben 　　　　　　在可控的范围内

Erwartungen erfüllen 　　　　　　　　　实现期望

ausgehen von 　　　　　　　　　　　　　以……为出发点，起因

die Angst überwinden 　　　　　　　　　克服恐惧

in einer Diskussion 　　　　　　　　　　在一次讨论中

über etw. informiert sein 　　　　　　　　获得关于……的消息

eine Prüfung ablegen 　　　　　　　　　考试

ein durchgreifender Effekt 　　　　　　　深入透彻的影响

hindern an D	阻止
jm. etw. vorführen	向某人展示某物
Veränderungen erbringen	带来变化
mit etw. zurechtkommen	适应某种情况
im Laufe des Lebens	一生中
an Depression leiden	情绪低落
ein geringes Selbstwertgefühl haben	自我价值感觉较低
mit den Problemen allein fertig sein	一个人解决了所有问题
sich als ... bewähren	证明是……
mit Rat und Tat zur Seite stehen	全力支持
unter...telefonisch zu erreichen sein	拨打电话(号码)即可联系上
in kleinen Schritten lernen	分段学习
freie Vorträge halten	自由演讲

Thema 25　Forschung und Technik

führen zu	导致
auch wenn	即使
Arbeitsplätze schaffen	工作岗位的设立
im Gegenteil	相反
jm. / etw.(D) zugute kommen	对某人(某事)有好处
im letzteren Fall	后一种情况下
Es lässt sich somit vermuten, dass ...	这样一来可以猜想……
in den Markt eintreten	进入市场
etw. auf etw. übertragen	把某物移植到某物上
Anwendung finden	获得应用
sich sorgen um A	担心……
die Umwelt schützen	保护环境
eine Vielzahl von	一系列……
in einem Ausmaß	在一定范围内
Einfluss auf etw. nehmen	影响……
die Möglichkeit sehen	看到机会
anpassen an A	适应……
mit Hilfe + G	借助于
zulassen zu	许可做某事
Verfahrenschritte verkürzen	缩短流程
das Spektrum erweitern	扩大范围
Resistenz gegen	……的抗体
Wirkung auf A	对……的影响

Thema 26　Energie

auf etw.（A）angewiesen sein	依赖于
in hohem Maße	在很大程度上
ein Viertel	四分之一
sich in A（viele Teile）aufteilen	分成（多份）
etw. in A umwandeln	把……转变为
einen Anteil von…erreichen / ausmachen	达到……比例
im Trend sein = tendenziell	符合趋势的
mit etw. verbunden sein	与……相关
reichen von…über…bis（hin）zu	由……到……
einhergehen mit	随……而来
ökologische Auswirkung	对生态的影响
auf Dauer	长期的
von Anfang bis zu Ende	由始至终
eine Wende bewerkstelligen/schaffen	实现转变
kurz und bündig	简而言之
unter dem Einfluss von … stehen	处于……的影响下
starke Umweltverschmutzung mit sich bringen	带来严重的环境污染
vor der Küste	在海边
Strom liefern / erzeugen	供电/发电
protestieren gegen	反对
Wachstumspotential haben	具有增长潜力
Wettbewerb um	争夺……的比赛
Windkraftanlagen bauen / errichten	建设风力发电设施
Gesetze befolgen	遵守法律
Interessen + G berücksichtigen	顾及……的利益
jn. von … überzeugen	使某人相信……
das Ziel erreichen	达到目标
Zweifel beseitigen	去除疑惑
übereinstimmen mit	与……达成一致
negative Auswirkungen auf … haben	对……有负面影响
Langzeituntesuchungen durchführen	开展长期研究
die Umwelt wenig belasten	对环境的负担小
die geschützten Arten schädigen	对受保护物种有害

Thema 27　Umwelt

zusammensetzen aus	由……组成
in letzter Zeit	最近

Verbote aussprechen	明令禁止
um jeden Preis	无论如何
ein Beispiel nehmen	举例
Staub saugen	除尘
jd. ist etw.（D）ausgesetzt	遭受
zur Folge haben	导致
nach der ärztlich vorgeschriebenen Dosis	按照医生处方上的剂量
gleichmäßig über das Land verteilen	均匀分布在
Abgase in die Luft abgeben / ausstoßen / freisetzen / emittieren	向空气中排放废气
Gefährdung erkennen	认识危害
Umweltbewusstsein der Bürger fördern	促进居民环保意识
Müll sortieren	垃圾分类
Eigeninitiative ergreifen	发挥主观能动性
gewaltige Mengen an Schadstoffen	大量有害物质
Arbeitsplätze und den Lebensstandard erhalten	保证工作岗位和生活水平
Leistungsfähigkeit beeinträchtigen	影响效率
seit langem / seit langer Zeit	很久以来
Schutz vor Abgasen und Abwässern	防治废气废水
auf Kosten ＋ G	以……为代价
ein atemberaubendes Wachstum erleben	惊人地发展
Insektengift gegen Schädlinge einsetzen	喷洒杀虫剂
in den Körper gelangen	进入身体
sich durchsetzen	做成某事
jn. vor etw.（D）warnen	警告某人当心某事
Reinhaltung des Wassers	保持水清洁
die Lebensgrundlagen der Menschheit zerstören	破坏人类的生存基础
alles über einen Kamm scheren	不加区分对待
Durst löschen	止渴
in die Mülltonne werfen	扔进垃圾桶
die verwelkten Blumen	凋谢的花
in dem Bezirk	在这个区
in der Nähe	在附近
am Straßenrand	在路旁
auf dem Parkplatz	在停车场
Reflexion der Strahlung	辐射的反射
sortieren nach	按……分拣

第三章　短文内容复述(中级Ⅰ)

短文内容复述是中级德语学习的主要内容之一,要求学习者在阅读短文后,能够有重点、有条理地将短文内容用恰当的语言进行重新表述,以发展使用德语进行概括和总结的能力,为语言能力的提高做好准备。

《新求精德语强化教程(中级Ⅰ、Ⅱ)》也将语言复述能力作为学生的一项重要能力进行培养,要求学生在复述短文内容后,回答与短文内容相关的各种问题。短文复述不但考查了学生的理解能力,也考查了学生语言运用及调用各种知识储备参与交流的能力,在更高的层面上促进学生语言综合运用能力的发展。

本章按照《新求精德语强化教程(中级Ⅰ)》的话题顺序,挑选了14篇内容相关的短文,作为课堂和课后学习的练习材料。每个练习由三部分组成,即100字左右的短文,个人表述部分[包括内容点(Inhaltspunkte)和内容复述(Inhaltswiedergabe)],以及回答问题部分(该部分又分为回答与短文相关的问题和谈论自己就短文主题展开的联想、个人意见及阐释等)。三个部分中,回答问题部分最能看出学生的已有知识水平和语言运用能力,有助于语言表达能力的进一步提高。

在使用本章短文进行练习时,需要先阅读短文,找出短文中的关键词句,也可写在短文后的"内容点"中,然后根据所选择的内容点组织语言,用自己的话讲述文章内容,也可在"内容复述"部分简单地写出自己所需要用到的句型结构等。完成以后,可以根据横线下提出的问题进行自由回答。

本章提供了较多的学习可能性,学习者既可以采取个人学习的方式,也可以采取双人或小组学习的方式使用本章复习和巩固所学知识。时间上可以自由掌握,一般以15~20分钟为宜,开始时可以适当地放慢讲话速度。

学习建议:

1. 该部分内容可由任课教师根据课堂教学进度配合《新求精德语强化教程(中级Ⅰ)》的教学内容使用,学生在5分钟准备后开始对短文进行复述,然后由教师提问,学生回答。在这个过程中,学生要掌握短文复述的要领和技巧,避免拿着原文照本宣科,同时要拓宽答题思路,并且积累更多的口头表达方式。

2. 该部分内容也可供学生在课后按照课堂所学方法,采取个人或者小组学习的方式,练习短文内容的复述及回答问题,为今后留学德国的专业学习打下基础。

3. 该部分内容也可在学完《新求精德语强化教程(中级Ⅰ)》的每个单元后,用于复习和巩固相关单元的学习内容。

短文目录

1 Wandel der Ernährung

Unsere Ernährung hat sich in den letzten 50 Jahren extrem verändert. Nach dem Zweiten Weltkrieg mussten viele Menschen in Deutschland hungern, deshalb war es ein politisches Ziel, alle Bürger mit genug Lebensmitteln zu versorgen. Neue Maschinen und Pflanzenspritzmittel erleichterten große Produktionssteigerungen. Dadurch wurden die Lebensmittel billiger, und die Deutschen konnten sich mehr leisten. Wenn es früher nur den Sonntagsbraten gab, so gab es später jeden Tag Fleisch zu essen. Auch wenn es inzwischen eine große Auswahl an Lebensmitteln auf dem Markt gibt, hat sich in manchen Bereichen das Angebot verringert. Heute gibt es im Supermarkt vielleicht fünf Sorten Äpfel, früher gab es einmal fünfzig. (104 Wörter)

1. Inhaltspunkte:

2. Inhaltswiedergabe:

A. Textbezogene Fragen

1. Worum geht es im Text?

2. Welche Faktoren haben dazu geführt, dass Lebensmittel in den letzten 50 Jahren immer billiger wurden?

3. Welche negativen Folgen hat das veränderte Angebot in Supermärkten?

B. Interpretation/Meinung/Assoziation

1. Wie hat sich die Ernährung in China und das Angebot an Lebensmitteln in den letzten 50 Jahren gewandelt?

2. Wie sieht das heutige Angebot in chinesischen Supermärkten aus? Wo hat die Auswahl zugenommen, wo hat sie abgenommen?

3. Welche Probleme hat man heutzutage bei der Ernährung?

2 Faule Deutsche

Der deutsche Gesamtwortschatz wird auf 300.000 bis 400.000 Wörter geschätzt. Die Deutschen nutzen in täglichen Gesprächen allerdings nur drei bis vier Prozent dieses Wortschatzes, etwa 12.000 bis 16.000 Wörter. Verstehen können die Menschen allerdings wesentlich mehr. Jeder Deutsche versteht im Durchschnitt viermal so viele Wörter wie er selbst gebraucht. Ein normaler deutscher Text besteht zu 95 Prozent aus den 4.000 häufigsten Wörtern. Der Rest wird kaum gebraucht. Schon mit den 2.000 häufigsten Wörtern sind 90 Prozent eines normalen Textes zu verstehen. Die meist verwendeten Wörter seien „die", „und", „in", „zu" und „den". Wer seinen Wortschatz erweitern will, sollte sich am besten am Wortgebrauch anderer Menschen orientieren. Das kann man durch Lesen von Romanen, Zeitungen und Fachliteratur ebenso gut wie durch Diskutieren. (124 Wörter)

1. Inhaltspunkte:

2. Inhaltswiedergabe:

A. Textbezogene Fragen

1. Worum geht es im Text?

2. Wie viele Wörter muss man beherrschen, um einen normalen deutschen Text zu 95 Prozent zu verstehen?

3. Wie kann man seinen Wortschatz erweitern?

B. Interpretation/Meinung/Assoziation

1. Wie viele Zeichen gebrauchen die Chinesen aktiv im Alltag? Was sind die häufigsten Wörter im Chinesischen?

2. Wie können Deutschlerner ihren Wortschatz erweitern?

3. Wie erweitern Sie Ihren Wortschatz?

3 Sehenswürdigkeiten in Köln

Der Kölner Dom ist eine der berühmtesten Kirchen der Welt. Er gilt als perfektes Beispiel gotischer Kunst und besitzt noch all seine wertvollen Schätze. Mit über 157 Metern Höhe ist er das dritthöchste Kirchengebäude der Welt und gehört zum Weltkulturerbe der UNESCO. Aber Köln besitzt noch weitere Sehenswürdigkeiten. Im Museum Ludwig kann man sich zum Beispiel moderne und zeitgenössische Kunst ansehen. Seit 1993 gibt es in Köln außerdem ein Schokoladenmuseum, das von der 3.000-jährigen Kulturgeschichte der Schokolade und des Kakaos erzählt und bei Besuchern sehr beliebt ist. Zusätzlich zur Ausstellung kann man verschiedene Trinkschokoladen probieren und Schokoladengeschenke kaufen. (108 Wörter)

1. Inhaltspunkte:

2. Inhaltswiedergabe:

A. Textbezogene Fragen

1. Worum geht es im Text?
2. Welche Sehenswürdigkeiten in Köln werden im Text genannt?
3. Was bedeutet „zeitgenössische" Kunst?

B. Interpretation/Meinung/Assoziation

1. Wofür ist Köln sonst noch bekannt? Kennen Sie andere berühmte Feste oder Getränke aus Deutschland?
2. Welche anderen deutschen Sehenswürdigkeiten kennen Sie?
3. Was sind die berühmtesten Sehenswürdigkeiten und Museen in China?

4 Der Buchmarkt in Deutschland

Die Frankfurter Buchmesse, die jeden Oktober in Frankfurt am Main stattfindet, ist die größte Buchmesse der Welt. Sie ist Treffpunkt für Autoren und Verleger, Buchhändler und Journalisten und natürlich Leser. 2007 kamen 7.448 Aussteller aus 108 Ländern – ein neuer Rekord. In den vergangenen Jahren erhöhte sich auch der Umsatz der deutschen Buchbranche. Jedes Jahr gibt es zwischen 94.000 bis 96.000 Neuerscheinungen. 8,8 Prozent aller 2008 erschienenen neuen Bücher waren Übersetzungen. Dass bestellte Bücher in der Regel bereits am nächsten Tag in den Buchhandlungen abgeholt werden können, erscheint den Kunden in den deutschsprachigen Ländern selbstverständlich. Das ist es aber keineswegs: Nur in sehr wenigen Ländern kann ein solcher Service angeboten werden.

(112 Wörter)

1. Inhaltspunkte:

2. Inhaltswiedergabe:

A. Textbezogene Fragen

1. Worum geht es im Text?

2. Wer besucht die Buchmesse?

3. Wie lange dauert es, bis man ein bestelltes Buch in einer Buchhandlung abholen kann?

B. Interpretation/Meinung/Assoziation

1. Kennen Sie deutsche Autoren?

2. Welche Bücher interessieren Sie?

3. Denken Sie, dass es aufgrund der neuen Medien immer weniger Menschen geben wird, die Bücher lesen?

4. Lesen Sie gerne Texte online? Warum (nicht)?

5 Johann Sebastian Bach

Johann Sebastian Bach ist einer der bekanntesten deutschen Komponisten des Barocks. Er wurde 1685 in Eisenach geboren und starb 1750 in Leipzig. Ab 1723 war er in Leipzig tätig und als Musikdirektor für die Musik in den vier Hauptkirchen der Stadt verantwortlich. Bekannt sind vor allem seine Brandenburgischen Konzerte, die Goldberg-Variationen, die h-Moll-Messe und seine Kunst der Fuge. Bach beherrschte – mit Ausnahme der Oper – alle musikalischen Möglichkeiten seiner Zeit. Er hatte 20 Kinder, von denen aber nur neun überlebten. Verschiedene seiner Söhne wurden ebenfalls Komponisten, so Carl Philipp Emanuel Bach und Johann Christian Bach. In Leipzig findet jedes Jahr im Juni das Bachfest statt. (104 Wörter)

1. Inhaltspunkte:

2. Inhaltswiedergabe:

A. Textbezogene Fragen

1. Worum geht es im Text?

2. Wie hat Bach seinen Lebensunterhalt verdient?

3. Nennen Sie bekannte Werke von Bach.

B. Interpretation/Meinung/Assoziation

1. Wer ist Ihr Lieblingskomponist?

2. Für welche Art von Musik interessieren Sie sich?

3. Spielen Sie selber ein Instrument?

4. Welche anderen deutschen Komponisten kennen Sie?

6 Hip-Hop ist der Hit

Ohne Musik geht gar nichts. Musik bestimmt den Alltag der Jugend – zu Hause, mit Freunden auf Partys, auf Konzerten, Festivals, in der U-Bahn oder auf dem Fahrrad. Die beliebtesten Musikrichtungen sind Pop, Hip-Hop und Techno. Neben den international bekannten Stars sind auch weniger bekannte Bands aus der eigenen Stadt beliebt. Konzerte in kleinen Clubs und Hallen gelten als cool. Wenn auch deutschsprachige Musik im Moment sehr beliebt ist, hören junge Menschen vor allem Musik aus den USA und Großbritannien. Es gibt in Deutschland mehr Jugendliche, die einen eigenen Fernseher haben, als solche, die ein Musikinstrument besitzen. Etwa eine Million junger Menschen spielen selbst ein Instrument, vor allem Klavier, Gitarre oder Violine, und singen oder spielen sehr oft in einer Schülerband. Diese Bands vertreten die unterschiedlichsten Musikrichtungen. (127 Wörter)

1. Inhaltspunkte:

2. Inhaltswiedergabe:

A. Textbezogene Fragen

1. Worum geht es im Text?
2. Wo hören Jugendliche gerne Musik?
3. Welche Musik hören Jugendliche gerne?

B. Interpretation/Meinung/Assoziation

1. Welche sind die beliebtesten Musikrichtungen unter Jugendlichen in China?
2. Kennen Sie deutsche Bands oder hören Sie manchmal deutsche Popmusik?
3. Welche Rolle spielt Musik in Ihrem Leben? Welche Musik hören Sie besonders gerne?
4. Spielen Sie ein Instrument?
5. Waren Sie schon mal auf einem Konzert?

7 Partnerschaft heute

Die Erwartungen an eine Partnerschaft sind in Deutschland in den letzten Jahren und Jahrzehnten gestiegen. Dies ist einer der Gründe dafür, dass inzwischen etwa 40 Prozent der Ehen, die in den vergangenen Jahren geschlossen wurden, wieder geschieden werden. Eine erneute Heirat oder Partnerschaft ist die Regel. Deutlich zugenommen haben auch die nichtehelichen Lebensgemeinschaften. Besonders bei jüngeren Menschen oder wenn gerade eine Ehe gescheitert ist, ist die „Ehe ohne Trauschein" beliebt. So ist auch die Zahl der unehelichen Geburten angestiegen: In Westdeutschland wird etwa ein Viertel, in Ostdeutschland mehr als die Hälfte der Kinder unehelich geboren. Eine Folge dieses Wandels ist die Zunahme von Patchwork-Familien und Alleinerziehenden: Ein Fünftel aller Gemeinschaften mit Kindern sind Alleinerziehende, und dies sind in der Regel allein erziehende Mütter. (123 Wörter)

1. Inhaltspunkte:

2. Inhaltswiedergabe:

A. Textbezogene Fragen

1. Worum geht es im Text?

2. Warum werden 40 Prozent der Ehen heute geschieden?

3. Was sind „nichteheliche Lebensgemeinschaften"?

B. Interpretation/Meinung/Assoziation

1. Welche Formen des Zusammenlebens gibt es in China? Sind Ehen ohne Trauschein beliebt?

2. Welche Probleme haben Alleinerziehende?

3. Was sind Gründe für die steigenden Scheidungsraten in China?

8 Partnersuche heute

Die neueste Strategie für Singles, die es nicht länger bleiben wollen, hat viele Namen: Speeddating, Express-Date, 10-Minutes-Dating oder Mini-Date. Das Prinzip ist bei allen gleich: Warum einen ganzen Abend mit einem Unbekannten verbringen, wenn man in wenigen Minuten merkt, ob man sich mag oder nicht. Die Lösung: Mann und Frau sitzen sich gegenüber. Ertönt ein Gong, geht es los. In 7 bis 10 Minuten versucht jeder, vom anderen so viel wie möglich zu erfahren. Wenn der Gong wieder ertönt, stehen die Männer auf und setzen sich zur nächsten Frau. Es ist die schnellste, wirksamste und häufig billigste Methode, den Traummann oder die Traumfrau kennenzulernen. (104 Wörter)

1. Inhaltspunkte:

2. Inhaltswiedergabe:

A. Textbezogene Fragen

1. Worum geht es im Text?

2. Wie verläuft das „Speeddating"?

3. Was sind die Vorteile des „Speeddating"?

B. Interpretation/Meinung/Assoziation

1. Warum ist Speeddating heute so beliebt?

2. Glauben Sie, dass es die beste Methode ist, den Traummann oder die Traumfrau kennenzulernen? Welche Vorteile hat es, welche Nachteile?

3. Wie sieht Ihr Traummann/Ihre Traumfrau aus?

9 Studiengebühren

In Baden-Württemberg, Bayern, Hamburg, Niedersachsen und Nordrhein-Westfalen werden seit dem Sommersemester 2007 Beiträge für das Studium erhoben; Hessen und das Saarland haben Studiengebühren im Wintersemester 2007/2008 eingeführt. Bis zu 500 Euro müssen pro Semester gezahlt werden. Für internationale Studierende gelten unter Umständen besondere Regelungen. Es ist daher wichtig, sich möglichst früh bei der jeweiligen Hochschule zu informieren. Auskunft darüber, ob Studiengebühren erhoben werden oder geplant sind, erteilen die Studentensekretariate. Unabhängig von eventuell anfallenden Studiengebühren müssen Studenten bei der Einschreibung einen Semesterbeitrag bezahlen – dieser liegt in der Regel nicht höher als 100 Euro. In vielen größeren Hochschulstädten wird mit dem Semesterbeitrag auch das Semesterticket erworben, das die kostenlose Nutzung von Bus und Bahn ermöglicht. (114 Wörter)

1. Inhaltspunkte:

2. Inhaltswiedergabe:

A. Textbezogene Fragen

1. Worum geht es im Text?

2. Wie hoch sind die Studiengebühren in Deutschland, wie hoch ist der Semesterbeitrag?

3. Was ist ein Semesterticket?

B. Interpretation/Meinung/Assoziation

1. Finden Sie es richtig, dass man Studiengebühren für sein Studium bezahlen soll?

2. Welche Vorteile, welche Nachteile haben Studiengebühren?

3. Wie finanzieren chinesische Studenten ihr Studium?

10 Die Studenten-Hauptstadt

Die Bundeshauptstadt ist auch die Hauptstadt der Studenten. An den Berliner Hochschulen sind 133.600 Studenten eingeschrieben – München bringt es auf 88.000 Studenten, Köln auf 87.000. In diesen drei Hochschulmetropolen studiert jeder Sechste zukünftige Akademiker in Deutschland. Allerdings sind Universitäten und Fachhochschulen in einer kleinen Stadt oft viel eher spürbar als in einer Großstadt wie Berlin. So besitzen beispielsweise in Gießen 36 Prozent der Einwohner einen Studentenausweis. Einen hohen Bevölkerungsanteil machen die Studenten auch in den alten Universitätsstädten wie Tübingen, Marburg, Heidelberg, Göttingen und Münster aus. In vielen Städten ist die Universität ein wichtiger Wirtschaftsfaktor – nicht nur als Arbeitgeber. Die Kaufkraft der Studenten der TU Dresden wird zum Beispiel auf 150 Millionen Euro geschätzt. (113 Wörter)

1. Inhaltspunkte：

2. Inhaltswiedergabe：

A. Textbezogene Fragen

1. Worum geht es im Text?

2. In welchen deutschen Städten studieren die meisten Studenten?

3. In welchen Städten spürt man die Studenten am meisten?

B. Interpretation/Meinung/Assoziation

1. Welche Studentenstädte gibt es in China? Welche Hochschulen kann man dort besuchen?

2. Was ist Ihnen bei der Wahl Ihrer Universität wichtig? Die Stadt, die Umgebung oder das Angebot der Hochschule?

3. Möchten Sie in einer Studenten-Stadt studieren? Warum（nicht）?

11　Die Peking-Oper

Die Peking-Oper ist unter den mehr als einhundert chinesischen Opernarten die am weitesten verbrei-
tete und wichtigste. Sie enthält verschiedene künstlerische Elemente, wie z. B. Singen, Tanzen, Theater und Kampfkunst. Trotz ihres Namens ist die Peking-Oper nicht in Peking entstanden, sondern in
den Provinzen Anhui, Hubei und Shaanxi. Früher sah man Peking-Oper im Teehaus. Hier konnte
man sich beim Teetrinken unterhalten lassen. Das Eintrittsgeld war im Preis für den Tee enthalten.
Noch heute sitzt man bei einem Besuch der Peking-Oper an Tischen und es werden Tee und Snacks angeboten. Im Allgemeinen ist die Atmosphäre nicht so streng wie in einem europäischen Theater. Das
Publikum kann zu jeder Zeit seine Meinung mit Applaus und Rufen äußern. (112 Wörter)

1. Inhaltspunkte：

2. Inhaltswiedergabe：

A. Textbezogene Fragen

1. Worum geht es im Text?

2. Welche künstlerischen Elemente kommen in der Peking-Oper vor?

3. Wie hat man sich früher Peking-Opern angesehen?

B. Interpretation/Meinung/Assoziation

1. Haben Sie schon einmal eine Peking-Oper besucht? Kennen Sie bekannte Stars der Peking-Oper?

2. Warum haben junge Menschen oft kein Interesse mehr an der Peking-Oper?

3. Welche Unterhaltungsmöglichkeiten bevorzugen Sie? Warum?

12 TCM

Traditionelle Chinesische Medizin (TCM) wird in Deutschland immer beliebter. Nach einer aktuellen Umfrage des Instituts für Demoskopie in Allensbach vertrauen nur 18 Prozent der Deutschen allein der Schulmedizin, also westlichen Medizin. 61 Prozent wünschen sich zusätzlich eine Behandlung durch TCM. Nach chinesischer Krankheitslehre zeigen sich die inneren Störungen äußerlich. Daher fühlt man zur Diagnose einer Krankheit den Puls und untersucht die Zunge. Zur Behandlung werden verschiedene Methoden wie Akupunktur, Massage, Arzneien und Bewegungsübungen wie Qigong in Kombination angewandt. Die TCM ist die traditionelle Medizin mit dem größten Verbreitungsgebiet, besonders die Akupunktur wird weltweit praktiziert. In Deutschland bezahlt die Krankenkasse in manchen Fällen eine Akupunkturbehandlung. (104 Wörter)

1. Inhaltspunkte:

2. Inhaltswiedergabe:

A. Textbezogene Fragen

1. Worum geht es im Text?

2. Wie findet man mit TCM heraus, ob ein Mensch krank ist?

3. Wie behandelt man eine Krankheit mit TCM?

B. Interpretation/Meinung/Assoziation

1. Warum interessieren sich immer mehr Deutsche für TCM?

2. Bevorzugen Sie traditionelle chinesische oder westliche Medizin? Welche Erfahrungen haben Sie gemacht?

3. Welche Methoden kennt die TCM?

13 Jobben auf dem Oktoberfest

Für Theresa ist das Oktoberfest alles andere als gemütlich: Als Servicekraft arbeitet sie auf der Wiesn und trägt Bierkrüge durch die Massen. Theresa selbst trinkt zwar kein Bier, doch ihr gefallen die Stimmung und die Kleidung bei Volksfesten. Jede Bedienung erhält zehn Prozent vom Umsatz, plus Trinkgeld. Das meiste Trinkgeld geben Geschäftsleute: Die Maß kostet 8,60 Euro, Theresa bekommt dann einen Zehner. Nachmittags hat sie manchmal Zeit, sich mit Gästen zu unterhalten. „Da war zum Beispiel eine 79 Jahre alte Dame, die besucht seit 1934 immer dasselbe Zelt", erzählt Theresa. „Sie hat einiges von früher erzählt: Alles war natürlich viel kleiner, die Leute kamen nicht nur zum Bier trinken, blieben auch nicht den ganzen Tag, außerdem brachten sie sich ihr Essen für die Brotzeit selbst mit. Ich mag das Arbeitsklima." (129 Wörter)

1. Inhaltspunkte:

2. Inhaltswiedergabe:

A. Textbezogene Fragen

1. Worum geht es im Text?

2. Wie viel Geld verdient man als Bedienung auf dem Oktoberfest?

3. Was war früher auf dem Oktoberfest anders?

B. Interpretation/Meinung/Assoziation

1. Was wissen Sie über die Geschichte und Bräuche des Oktoberfestes? Welche Spezialitäten isst man, welche Kleidung trägt man, welche Musik wird gespielt?

2. Gibt es ähnliche Bierfeste in China?

3. Welche Volksfeste gibt es in China nur in bestimmten Städten?

14 Schreibprobleme im Studium

In vielen Ländern der Welt – in den USA, in Japan, Neuseeland, Australien – gibt es Schreibkurse für Studenten. Nur in Deutschland, dem Land der Dichter, fühlen sich Studenten oft allein gelassen, wenn sie eine schriftliche Arbeit verfassen müssen. Dabei hängt von dieser Hausarbeit oft der Erfolg des Studiums ab. Aber wie gestaltet man Anfang und Ende einer solchen Arbeit, wie soll man die Arbeit gliedern? Was ist eine wissenschaftliche Fragestellung, wie grenzt man das Thema ein? Für solche Fragen haben viele Lehrende keine Zeit, da sie zu viele Studenten betreuen müssen. Die Folgen sind erheblich. Jüngsten Schätzungen zufolge werden 50 Prozent der Hausarbeiten nie abgeschlossen. Der Berliner Professor Lutz von Werder behauptet, dass die Hälfte aller Studienabbrecher am Schreiben scheitern. Freiwillige Arbeitsgruppen können helfen, Schreibprobleme zu lösen. Man kann seine Arbeit dabei anderen vorstellen und versuchen, im Gespräch Probleme zu lösen. (140 Wörter)

1. Inhaltspunkte:

2. Inhaltswiedergabe:

A. Textbezogene Fragen

1. Worum geht es im Text?

2. Welche Probleme haben Studenten, wenn sie eine schriftliche Arbeit verfassen müssen?

3. Was kann man tun, um Schreibprobleme zu lösen?

B. Interpretation/Meinung/Assoziation

1. Wie bereiten Sie Ihre schriftliche Arbeit an der Universität vor?

2. Wie viel Zeit brauchen Sie für eine Semesterarbeit?

3. Wie viele Seiten hat die Arbeit?

第四章　常见话题(中级Ⅰ)

许多同学在准备德福考试时,常常不能找到回答问题的要点。一方面是由于考试时紧张,压力较大;另一方面是就常见话题的准备不足。这里既有知识上的储备,如常识性知识、国情知识等,也有词汇知识的准备。

本章旨在帮助大家解决在讲话时想不到要点,或者想到要点想不到对应词汇的问题。为此,本章以《新求精德语强化教程(中级Ⅰ)》教材中的课文为基础,就中级Ⅰ课文中的主要内容提出了若干问题,帮助大家通过回答问题,掌握常见话题的相关内容。这些问题涉及教材中的各篇文章,在回答这些问题时,大家既要注意提炼要点,又要注意相关词汇的使用。问题的答案可以在教材的课文及习题中找到,在没有把握的情况下请参见教材课文及任课教师的讲评。

> **学习建议:**
>
> 　　1. 课前大家可以先看看本章的问题,对即将学习的一课做到心中有数。教师在课堂讲评时,可提醒学生注意每篇课文的内容要点。
>
> 　　2. 课后大家可以根据教学进度,根据问题顺序一一作答,也可和同学一起练习。
>
> 　　3. 练习时可以将答案要点写在题目下方,以便复习。
>
> 　　4. 若自己在学习这一课时,有更多更好的问题或者想法,可以一并写在相应单元问题的后面,与教师和同学进一步探讨。

Thema 1 Essen

1. Wann kommt man in Deutschland zu einer privaten Einladung?

2. Was bringt man meistens als Geschenke mit und was nicht?

3. Chinesen verhalten sich als Gäste beim Essen sehr zurückhaltend. Wie sind Deutsche?

4. Welche Fragen sollte man lieber nicht dem Gegenüber stellen?

5. Worüber unterhält man sich in Deutschland, wenn man sich noch nicht gut kennt?

Thema 2　Sport

1. Aus welchen Gründen treibt man Sport?

2. Warum treiben manche Leute keinen Sport?

3. Sind Sie mit den Sportanlagen und Angeboten Ihrer Uni zufrieden? Warum(nicht)?

4. Welche Sportaktivitäten kennen Sie? Nennen Sie ein paar!

5. Warum sind manche Leute gegen den Leistungssport?

6. Welche Vorteile hat der Breitensport?

Thema 3　Spracherwerb

1. Was fällt Ihnen an der deutschen Sprache schwer?

2. Welche Methoden haben Sie beim Deutschlernen angewendet?

3. Wie haben Sie Ihre Lernprobleme überwunden?

4. Was ist wichtig beim Deutschlernen?

5. Welcher Lerntyp sind Sie? Und welche Merkmale hat dieser Lerntyp?

6. Welche Faktoren spielen eine wichtige Rolle beim Lernerfolg?

7. Wie kann man Vokabeln besser lernen?

8. Wie kann man Sprechen und Hören üben?

Thema 4 Verkehr

1. Welche Vorteile haben die modernen Verkehrsmittel?

2. Warum sollen die öffentlichen Verkehrsmittel gefördert werden?

3. Welche Vor- und Nachteile haben Privatautos?

4. Wie kann man in Deutschland preiswert reisen?

5. Welche Verkehrsmittel bevorzugen Sie, wenn Sie eine Reise machen? Warum?

6. Wie finden Sie Mitfahrgelegenheiten, warum?

Thema 5　Kulturelles

1. Stellen Sie bitte kurz das Neuschwanstein vor!

2. Wie wird die Berlinale finanziert?

3. Erzählen Sie etwas von Johann Wolfgang von Goethe!

4. Warum brauchen deutsche Museen finanzielle Unterstützung?

5. Woher bekommen deutsche Museen finanzielle Hilfe?

6. Was ist das Grundprinzip des deutschen Museumsbaus?

Thema 6　Jugend

1. Wie kann man die Jungend von heute beschreiben?

2. Vor welchen Entscheidungen steht die Jugend von heute?

3. Wovon träumt die Jugend heute?

4. Was ist entscheidend, wenn die Träume irgendwann verwirklicht werden?

5. Welches Problem haben die Kinder von Migranten?

6. Welche Probleme haben Jugendliche in der Pubertät?

7. Was können Jugendliche und Eltern tun, um diese Probleme zu lösen?

Thema 7 Liebe und Familie

1. Was verstehen Sie unter Liebe?

2. Was ist für eine glückliche Ehe wichtig?

3. Was sind die Ursachen für die Entstehung der Groß-, Klein-, Kernfamilien und anderer Familienformen?

4. Was für eine Rolle spielte der Vater inder Großfamilie?

5. Warum verlor der Vater in der Kernfamilie seine Autorität?

6. Welche Funktionen hat die Familie in allen Zeiten?

Thema 8 Studium in Deutschland

1. Welche Vorteile hat ein Auslandssemester?

2. Welche Kompetenzen sind im Ausland besser zu entwickeln?

3. Glauben Sie, dass man eine Fremdsprache im Ausland schneller lernen kann?

4. Welche Informationen kann man beim DAAD-Informationszentrum bekommen?

5. Welche Ziele hat die Prüfung TestAS?

6. Warum ist Deutschland als Studienort immer beliebter?

7. Welche Vorbereitungen soll man vor der Studienreise nach Deutschland treffen?

Thema 9　Sozialversicherung

1. Wer entwickelte die Grundzüge der staatlichen Sozialversicherung?

2. Woraus besteht die deutsche Sozialversicherung?

3. Welche Faktoren belasten die deutschen Sozialversicherung?

4. Welche zwei Arten der Krankenversicherung gibt es in Deutschland?

5. Wer bezahlt den Beitrag zur gesetzlichen Krankenversicherung?

6. Bis wann dauert die Versicherungspflicht für Studierende?

7. Wie sind die meisten Deutschen krankenversichert?

8. Von welchen Faktoren wird die zukünftige Entwicklung der deutschen Sozialversicherung gefährdet?

Thema 10 Freizeit

1. Was ist Freizeit?

2. Wozu sollte man seine Freizeit nutzen?

3. Wie verbringen die Deutschen ihre Freizeit?

4. Welche Probleme bringt die zunehmende Freizeit mit sich?

5. Warum hat man heute mehr Freizeit als früher?

6. Wie kann man Freizeit aktiv verbringen?

7. Wie sieht eine gesundheitsfördernde Freizeit aus?

Thema 11　Feste und Feiertage

1. Welche Feste in Deutschland sind Ihnen bekannt?

2. Wie feiert man Weihnachten?

3. Wie ist das Oktoberfest entstanden?

4. Welche Spezialitäten werden auf dem Oktoberfest angeboten?

5. Wann ist das Osterfest und wie feiert man das Fest?

6. Warum zerschlagen Deutsche zur Hochzeit altes Porzellan vor der Haustür?

7. Wie feiert man Hochzeit in China?

Thema 12　Ausländer in Deutschland

1. Welche Probleme haben Ausländer in Deutschland?

2. Welche Auswirkung haben die Vorurteile gegen Einwanderer?

3. Welchen sozialen Gruppen gegenüber hat man Vorurteile?

4. Was verursacht hauptsächlich die Vorurteile?

5. Was spielt beim Abbau von Vorurteilen eine wichtige Rolle?

6. Warum ist der Aufbau eines neuen Unternehmens für Ausländer viel schwieriger als für die Deutschen?

Thema 13 Bildung und Ausbildung

1. Wie kann man in Deutschland erfolgreich studieren?

2. Was für Lehrveranstaltungen gibt es an deutschen Hochschulen?

3. Warum unterstützt die EU immer mehr Studierende, eine Reise ins Ausland zu machen?

4. Was können die Studenten im Ausland lernen und wobei kann dies ihnen helfen?

5. Deutsche Studenten haben angeblich nach der Bologna-Reform keine Zeit für einen Auslandsaufenthalt. Wie wird versucht, dieses Problem zu lösen?

Thema 14　Menschliche Beziehungen

1. Was kann man tun, um gute Freundschaften zu pflegen?

2. Was verstehen Sie unter „Herzensfreundschaft"?

3. Wie kann man gute Freundschaften gewinnen?

4. Warum spielt Freundschaft in unserem Leben eine wichtige Rolle?

5. Was führt zu Krisen in einer Freundschaft?

6. Wie sollte man diese Krisen überwinden?

7. Was halten Sie von den Freundschaften, die man im Internet findet?

8. Man sagt: „Wer gute Freunde hat, lebt 20 Jahre länger." Was meinen Sie dazu?

第五章　常见话题(中级Ⅱ)

　　同第四章一样,本章也旨在帮助大家解决在讲话时想不到要点,或者想到要点但想不到对应词汇的问题。为此,本章以《新求精强化教程(中级Ⅱ)》教材中的课文为基础,就中级Ⅱ课文中的主要内容提出了若干问题,帮助大家掌握常见话题的相关内容。这些问题涉及教材中的各篇文章,在回答这些问题时,大家既要注意提炼要点,又要注意相关词汇的使用。问题的答案可以在教材的课文及习题中找到,并且课堂上教师都会讲评,在不确定时,可以查看教材课文及任课教师的讲评。

　　需要指出的是,中级Ⅱ的内容有一定的复杂性,大家在回答这些问题时,除了要保证有相关要点,还要注意各要点之间的逻辑联系。希望大家在课堂上认真听教师讲评,掌握中级Ⅱ话题的谈论方法,更好地提高自己的口语水平。

学习建议:

　　1. 课前大家可以先看看本章的问题,对即将学习的一课做到心中有数。教师在课堂讲评时,可提醒学生注意每篇课文的内容要点。

　　2. 课后大家可以根据教学进度,根据问题顺序一一作答,也可和同学一起练习。

　　3. 练习时可以将答案要点写在题目下方,以便复习。

　　4. 若自己在学习这一课时,有更多更好的问题或者想法,可以一并写在相应单元问题的后面,与教师和同学进一步探讨。

Thema 15　Studentenleben

1. Wie finden Studenten in Deutschland ein Zimmer?

2. Wie können Erstsemester die typischen Anfängerfehler vermeiden?

3. Wie können sich Studenten über Sportprogramme an der Uni informieren?

4. Welche Partys können neue Studenten besuchen?

5. Wie lange dürfen Studenten im Jahr arbeiten?

6. Welche studentischen Tätigkeiten sind arbeitserlaubnisfrei?

7. Warum werden Studenten trotz hoher Arbeitslosigkeit bevorzugt?

Thema 16　Mann und Frau

1. Wie lösen Frauen Probleme? Und wie ist es bei Männern?

2. Was sind die geschlechtsspezifischen Unterschiede von Mann und Frau?

3. Was ist das Haupthindernis beim beruflichen Aufstieg von Frauen?

4. Wie hat sich die Frauenrolle in der Gesellschaft geändert?

5. Warum sind berufstätige Frauen doppelt belastet?

6. Wie kann man diese Doppelbelastung beseitigen?

7. Was verstehen Sie unter „Vereinbarkeit von Beruf und Familie"?

8. Was halten Sie vom „Hausmann"?

9. Können Sie sich vorstellen，einen Hausmann eine Hausfrau zu heiraten oder ein Hausmann eine Hausfrau zu sein?

Thema 17 Medien

1. Welche Vorteile hat das Internet?

2. Wozu nutzt man das Internet am liebsten?

3. Wie sollten die Eltern ihren Kindern Internetkompetenz beibringen?

4. Was halten Sie von technischen Kontroll-Maßnahmen wie Webfiltern und Protokollprogrammen?

5. Wofür interessieren sich die Kinder im Internet?

6. Welche Folge hat es, wenn man täglich lange im Internet ist und wenig Kontakt mit anderen hat?

7. Welche Nachteile bringen moderne Medien mit sich?

Thema 18　Wirtschaft

1. Welche drei Faktoren sind entscheidend für den Wirtschaftsaufschwung Deutschlands in den 50er Jahren?

2. Was ist die Philosophie des deutschen Mittelstands?

3. Warum sagt man, dass der Mittelstand eine wichtige Rolle als Treiber von Innovationen in Deutschland spielt?

4. Warum bezeichnet man den deutschen Mittelstand als Jobmotor?

5. Was verstehen Sie unter Globalisierung?

6. Was sind die Vor- und Nachteile von Globalisierung?

7. Welche Länder sind Gewinner der Globalisierung und warum?

Thema 19 Konsumgesellschaft

1. Was beeinflusst die Kaufentscheidung der Deutschen?

2. Welche Verhaltensmuster der Kunden sind typisch?

3. Wie haben Supermärkte dementsprechend Verkaufstricks entwickelt?

4. Was sind die Gründe für Konsumverweigerung oder -einschränkung?

5. Welche Probleme hat ein Kaufsüchtiger?

6. Welche Merkmale hat eine kaufsüchtige Person?

7. Was verursacht die Kaufsucht?

8. Was kann man tun, um den Kaufsüchtigen zu helfen?

9. Kaufen Sie gerne online? Warum (nicht)?

Thema 20 Arbeitswelt

1. Welche Folgen hat die digitale Revolution für die Arbeitswelt?

2. Wie kann man „SOHO" erklären?

3. In welchen Bereichen gibt es „SOHO" am häufigsten?

4. Was sind die typischen Merkmale der neuen Arbeitsform?

5. Welche Nachteile hat diese Arbeitsform?

6. Welche Maßnahmen sollen ergriffen werden，um Arbeitslosigkeit zu bekämpfen?

7. Welche Arbeiter verlieren als erste ihren Arbeitsplatz? Warum?

8. Wie kann die Arbeitslosigkeit das Leben eines Menschen beeinflussen?

Thema 21 Europa

1. In welchen Bereichen arbeiten die EU-Mitgliedsländer zusammen?

2. Warum sind manche europäische Länder nicht Mitglied der EU?

3. Was haben die EU-Mitgliedsstaaten gemeinsam?

4. In welchen Ländern wird der Euro nicht genutzt und in welchen Nicht-EU-Ländern gilt er doch?

5. Welche Gefahr bestünde, wenn in der EU nur Englisch als Verkehrssprache gebraucht würde?

6. Welches sprachliche Ziel wurde 2002 in Barcelona für alle Europäer gesetzt?

7. Welche Probleme bringt die EU mit sich?

Thema 22　Entwicklung der Erdbevölkerung

1. Was würde passieren, wenn alle Menschen der Welt so verschwenderisch wie Amerikaner leben würden?

2. Wie könnten Menschen die Erde nicht so stark belasten?

3. Warum haben Menschen eine längere Lebenserwartung?

4. Warum geht die Geburtenrate in Deutschland seit Jahrzehnten zurück?

5. Warum gibt es trotz Hilfe immer noch viele hungernde Menschen?

6. Welchen Zusammenhang gibt es zwischen Analphabetismus und Umweltschutz?

7. Wie können reiche Länder armen Ländern wirtschaftlich helfen?

Thema 23 Gesundheit und Ernährung

1. Was verstehen Sie unter „Gesundheit"?

2. Wie kann man gesund bleiben?

3. Welche Krankheiten können bei Übergewicht auftreten?

4. Welche Gefahren hat Untergewicht?

5. Was kann man gegen Übergewicht tun?

6. Welche ernährungsbedingten Krankheiten sind besonders gefährlich? Warum?

7. Wie kann Nahrungsmittelsicherheit garantiert werden?

Thema 24　Psychologie

1. Warum haben manche Studenten psychische Probleme?

2. Welche psychischen Probleme kennen Sie?

3. Wie lassen sich psychische Probleme lösen?

4. Nennen Sie Gründe für die Entstehung der Prüfungsangst!

5. Wie sieht ein glücklicher Mensch aus?

6. Von welchen Faktoren wird unser Glück geprägt?

7. Wie kann man depressiven Studenten helfen?

Thema 25　Forschung und Technik

1. Wie wird der Roboter heute definiert?

2. Welche Vorstellungen hat man von einem humanoiden Roboter der Zukunft?

3. Was erwartet die Industrie von humanoiden Robotern?

4. In welchen Industriebranchen werden besonders viele Roboter eingesetzt? Und welche Vorteile haben sie im Vergleich zu den Menschen?

5. Was ist der größte Unterschied des Roboters im Vergleich zu Menschen?

6. Könnten Roboter alle Arbeitstätigkeiten der Menschen in Zukunft übernehmen?

Thema 26　Energie

1. Was ist mit Energiewende gemeint?

2. Welche Vor- und Nachteile hat die Windenergie?

3. Was sind die Vorteile der Atomenergie?

4. Warum wird Atomenergie von manchen kritisiert?

5. Wie kann man Energie sparen?

6. Wic können wir in den Haushalten Energie sparen?

7. Zu welchen Folgen führt die Nutzung fossiler Rohstoffe?

Thema 27　Umwelt

1. Welche Umweltprobleme haben wir heute?

2. Wie kann man die Umwelt besser schützen?

3. Was halten Sie von „Mülltrennung"?

4. Sind Elektroautos wirklich umweltfreundlich? Warum(nicht)?

5. Was ist die Ursache für den Klimawandel?

6. Welche Folgen hat der Temperaturanstieg?

7. Was kann man gegen die Klimaveränderung tun?

8. Wie kann man Wasser sparen?

第六章　数据图描述(中级Ⅱ)

数据图描述是德语中级Ⅱ阶段学习的主要内容之一。在德福考试的写作和口语部分也有对数据图描述能力的考察。数据图描述的关键是看懂数据图,正确理解数据图所要传递的信息。从语言能力的要求上看,学生要做到能够正确描述数据图的结构,总结数据图所传递的信息和主要内容。

> 学习要点:
> 1. 认识常见的各种数据图;
> 2. 掌握描述数据图结构的各种表达方式;
> 3. 掌握对数据进行排序、比较等的表达方式。

第一节　描述数据图结构的表达式

数据图的结构描述涉及主题、来源、坐标轴、发布时间等,每一部分都有不少相应的常用表达式,大家需要熟练掌握。

1. 数据图主题

数据图主题是各种数据所反映的主要信息,可通过数据图标题和数据信息予以确认。

概括数据图主题的常用动词及动词词组为:

zeigen, darstellen, informieren über, Auskunft über … geben, Informationen über … liefern/geben 等,此外还有较为复杂的从句结构,以下将分别介绍。

1) 使用简单动词的表达式

Das Diagramm stellt … dar.

Das Diagramm stellt dar, wie …

In der Grafik ist dargestellt, wie/dass …

Die Grafik zeigt …

Die Grafik zeigt, dass/wie …

In der Grafik sieht man …

Die Grafik veranschaulicht …

2) 使用动词固定搭配的表达式

Die Grafik/Das Diagramm gibt Auskunft über …

Das Diagramm gibt Auskunft (darüber), wie viele/was …

Das Diagramm informiert über …

Das Diagramm informiert darüber, wie/welche …

Das Diagramm gibt/liefert Informationen über …

In der Grafik geht es um …

3) 使用带有从句结构的表达式

在这一类带有从句结构的表达式中,动词需要与介词短语搭配使用,并且通常将介词短语放在句首,如:

Aus dem Diagramm geht hervor,dass/wie ...

Aus der Grafik ist zu ersehen,dass/wie ...

Anhand der Grafik kann man (deutlich) sehen,dass ...

注意:在下边一句介绍主题的表达式中,Diagramm 要用**三格**,这是许多学习者容易出错的地方。

Dem Diagramm ist zu entnehmen,dass/wie ...

2. 数据图来源

数据图来源通常在数据图的正下方,除了数据图发布机构外,还有发布时间,这两项都应在数据图介绍中提及。常见的数据图发布机构是联邦统计局(Statistisches Bundesamt),此外还有各种科研机构、研究所及网站等。在介绍时,最简单的办法是用加引号的方法予以说明,只需要把它们的名字正确放进引号内即可,如:Als Quelle wird „Statistisches Bundesamt" genannt.

介绍图表来源的常用动词词组及动词为 stammen von,herausgeben,veröffentlichen 等。可用主动态和被动态来表述。

1) 主动态表达式(数据来源于何时何处)

Die Daten/Zahlen/Angaben/Informationen stammen vom/von der ...

Die Daten/Zahlen/Angaben/Informationen stammen aus dem Jahr ...

Die Daten stammen vom Statistischen Bundesamt aus dem Jahr 2012.

2) 被动态表达式(图表由什么机构在什么时候公布等)

Als Quelle wird „Statistisches Bundesamt" angegeben.

Die Grafik wurde vom ... erstellt/herausgegeben/veröffentlicht.

Die Grafik wurde dem/der ... entnommen.

Die Grafik wurde im Jahr 2012 vom Statistischen Bundesamt in Wiesbaden veröffentlicht.

3. 坐标轴

在介绍数据图结构时,需要介绍坐标轴,即横坐标、纵坐标所代表的意义以及数据单位等。当数据图涉及三个或三个以上的数据时,还应当说明数据图图例所代表的数据。横坐标轴通常表示时间,如年份、月份等;纵坐标轴通常为数据轴。通常有绝对数值,百分比数值等。常见的数据图有柱状图、条形图、折线图及饼形图等,分别举例如下。

柱状图(Säulendiagramm)

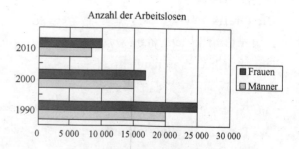

条形图(Balkendiagramm)

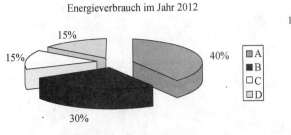

饼形图(**Kuchendiagramm**)

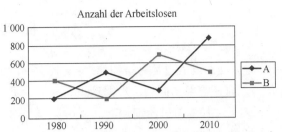

折线图(**Liniendiagramm/Kurvendiagramm**)

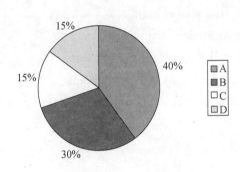

圆形图(**Kreisdiagramm**)

1）介绍数据图种类的表达式

该介绍也可通过用合成词的形式放在介绍数据图主题的部分，如：**Das vorliegende Balkendiagramm informiert über ...**

Für die Darstellung wurde die Form des Säulen-/Balken-/Kreis-/Kurvendiagramms gewählt.

Die Entwicklung der/des ... wird in Form einer Kurve wiedergegeben/dargestellt.

Die gelben Säulen geben ..., die roten geben ... wieder.

2）介绍坐标轴的表达式

在数据图坐标轴未标明 x 轴和 y 轴的情况下，通常用 horizontal 和 vertikal 代替 x 和 y。

Auf der horizontalen Achse sind ... angegeben/aufgeführt/aufgetragen.

Auf der vertikalen Achse sind ... angegeben/aufgeführt/aufgetragen.

Die horizontale Achse zeigt ...

Die vertikale Achse zeigt ...

3）介绍数据单位的表达式

Die Angaben erfolgen in Tausend/Million/Prozent.

Die Zahl der ... ist in Tausend angegeben.

Alle Angaben werden in Prozent gemacht/sind in Prozent.

Die Grafik bezieht sich auf den Zeitraum von ... bis ...

Die vorliegende Grafik umfasst den Zeitraum von ... bis ...

以上三个部分的描述在 TestDaF 口语考试的第三题也是必要的，因此需要熟练掌握各种相应的表达式。

第二节 描述数据的动态发展

　　数据的动态发展通常有增加、减少及其中一段的均匀变化。除了掌握表示增加和减少的动词及相关介词外，大家还需要掌握表示数据动态发展的常见句型结构。

1. 表示增加的常用动词

1）不及物动词

steigen，stieg，ist gestiegen

wachsen，wuchs，ist gewachsen

2）反身动词

sich erhöhen，erhöhte sich，hat sich erhöht

sich steigern，steigerte sich，hat sich gesteigert

sich vergrößern，vergrößerte sich，hat sich vergrößert

sich verdoppeln，verdoppelte sich，hat sich verdoppelt

sich verdreifachen，verdreifachte sich，hat sich verdreifacht

3）可分动词

ansteigen，stieg an，ist angestiegen

zunehmen，nahm zu，hat zugenommen

2. 表示减少的常用动词

1）不及物动词

fallen，fiel，ist gefallen

sinken，sank，ist gesunken

schrumpfen，schrumpfte，ist geschrumpft

2）反身动词

sich verringern，verringerte sich，hat sich verringert

sich vermindern，verminderte sich，hat sich vermindert

sich verkleinern，verkleinerte sich，hat sich verkleinert

sich senken，senkte sich，hat sich gesenkt

3）可分动词

abnehmen，nahm ab，hat abgenommen

zurückgehen，ging zurück，ist zugrückgegangen

表示增加和减少的动词所对应的名词列表如下：

增加		减少	
动词	名词	动词	名词
steigen	der Anstieg das Steigen	sinken	das Sinken
ansteigen	der Anstieg das Steigen	schrumpfen	das Schrumpfen
wachsen	der Zuwachs	fallen	das Fallen

(接上表)

增加		减少	
动词	名词	动词	名词
zunehmen	die Zunahme	abnehmen	die Abnahme
erhöhen	die Erhöhung	zurückgehen	der Rückgang
steigern	die Steigerung	senken	die Senkung
		verringern	die Verringerung
		vermindern	die Verminderung
		reduzieren	die Reduktion

3. 表达数据没有变化时的常用动词及表达

(sich) nicht ändern

(sich) nicht verändern

stagnieren

gleich bleiben

konstant bleiben

unverändert bleiben

Die Kurven verlaufen parallel.

4. 描述数据动态发展的常用句型

1) 表示增加的常用句型

Der Anteil/Die Zahl der . . .

……的份额/数字

- ist um (fast/mehr als) . . . % gestiegen.

- 上升了(几乎增加了/超过了)···%。

- hat sich zwischen 2010 und 2012 um . . . % erhöht.

- 在 2010 年到 2012 年间增长了···%。

- hat zwischen 2010 und 2012 um . . . % zugenommen.

- 在 2010 年到 2012 年间增加了···%。

- steigerte/erhöhte sich in den vergangenen 4 Jahren um . . . %.

- 在过去四年里提高/提升了···%。

- ist in den letzten 5 Jahren um . . . % gesteigert/erhöht worden.

- 在过去五年被提高了/提升了···%。

- hat sich im Zeitraum von 2010 bis 2012 (fast/mehr als) verdoppelt/verdreifacht/vervierfacht.

- 在 2010 年到 2012 年这段时期(几乎/超过)变为原来的两倍/三倍/四倍。

- ist von . . . (im Jahre 2010) auf . . . (im Jahre 2012) gestiegen/angestiegen/angewachsen.

- 从 2010 年的……上升/增加/增长到 2012 年的……

Zwischen den Jahren . . . und . . ./Von . . . bis . . . ist . . . stetig gestiegen/hat zugenommen/ist gewachsen.

……到……年间/从……到……年,……持续上升/增加/增长。

In den Jahren von ... bis ... ist ... gestiegen.

……到……年间，……上升了。

... （kontinuierlich) höher als ... sein.

……相比……(持续)走高。

Die Zahl der ... ist wesentlich/erheblich höher als ...

……的数字根本上/显著高于……

den Höhepunkt/den Spitzenwert/den Höchstwert erreichen

达到最高点/峰值/最高值

Es gibt eine Zunahme/einen Anstieg von ... auf ... um ...

增长/增加是从……到……，增长/增加了……

2）表示减少的常用句型

Der Anteil/Die Zahl der ...

……的份额/数字

- ist in den Jahren von 2010 bis 2012 von ...% auf ...% gesunken.

- 在 2010 年到 2012 年间从…%下降到…%。

- ist zwischen 2010 und 2012 um ...% verringert/reduziert/vermindert worden.

- 在 2010 年到 2012 年间缩小/减少/降低了…%。

- hat im Zeitraum von 2010 bis 2012/zwischen 2010 und 2012 um ...% abgenommen.

- 在 2010 年到 2012 年这段时期/在 2010 到 2012 年间减少了…%。

- ist in den letzten 5 Jahren von ...% auf ...% gesunken/zurückgegangen/geschrumpft/gefallen.

- 在过去五年里从…%下降/减少/缩小/降低到…%。

- hat sich von 2010 bis 2012 um die Hälfte/ein Drittel/ein Viertel verringert/vermindert.

- 从 2010 年到 2012 年减少/降低了一半/三分之一/四分之一。

Zwischen ... und ... hat die Zahl der ... abgenommen/fällt die Zahl der .../gibt es immer weniger ...

在……到……期间，……的数字减少了/……的数字下降了/越来越少……

Seit ... nimmt die Zahl der ... ab.

从……以来，……的数字在下降。

die Talsohle/den Tiefstand erreichen

到达谷底/较低水平

Es gibt eine Abnahme/einen Rückgang von ... auf ... um ...

下降/减少是从……到……，下降了/减少了……

5. 对数据进行比较

在描述数据图时，经常要对各种相关数据进行比较，以得出正确的认识和结论。常用的句型如下。

Im Gegensatz zu ...

与……相反

Während ..., zeigt sich ...

相比……，……表示出……

Dagegen ...

与之相反……

Wenn man … vergleicht，(so) wird deutlich，dass …

如果比较……，……就很清楚。

Der Anstieg beträgt/beläuft sich auf …，während …

增长总计/共计……，而……

Im Vergleich zu/Verglichen mit 2011 ist die Zahl der … um …% höher/niedriger.

相比 2011 年/与 2011 年相比较，……的数字高了/低了…%。

Im Gegensatz/Im Unterschied zu 2011 ist der Anteil der … um …% gefallen.

与 2011 年相反/与 2011 年不同，……的份额下降了…%。

Gegenüber 2011 konnte die Zahl der … um …% gesteigert werden.

与 2011 年相比较，……的数字提高了…%。

Während … 2011 noch …% erhielt，waren es 2012 nur noch …%.

……在 2011 年还是…%，到 2012 年只有…%。

Gaben 2011 noch …% der Befragten an，dass sie …，waren es 2012 nur noch …

2011 年还有…%的被调查者表示……，到 2012 年只有……

6. 对数据进行数量描述时的常用句型

Der Anteil von … beträgt/betrug im Jahr 200 Prozent.

……的份额年度总计 200%。

Die Anzahl/Die Zahl/Der Anteil/Der Prozentsatz beläuft sich auf …

数目/数字/份额/百分比为……

Der Anteil von … liegt/lag im Jahr 2010/liegt jetzt bei … Prozent.

……的份额 2010 年度/现在为…%。

Auf … entfallen/entfielen 2010 ca. … Prozent.

2010 年……大约有…%。

X macht/machte …% des/der gesamten … aus.

X 占……总数的…%。

Der/Die/Das Gesamt … verteilt/verteilte sich zu …% auf X，zu …% auf Y und zu …% auf Z.

在……的总额中，X 占到…%，Y 到…%，Z 占到…%。

… % aller … sind/waren，haben/hatten，machen/machten …

……总量中的…%是……/……有总量中的…%/……占总量中的…%。

Die Kosten für … betragen/betrugen 2011 … Euro.

2011 年……的成本共计……欧元。

Die Ausgaben für … erreichen/erreichten 2011 die/eine Höhe von … Euro.

……的支出在 2011 年达到……欧元。

Die Einnahmen bei … liegen/lagen im Jahr 2011 bei rund … Euro.

……的收入在 2011 年大约有……欧元。

Der Verbrauch an … lag 2011 bei ca. … l/km.

2011 年……的消耗大约是……升/公里。

Der Ausstoß an … erreichte im letzten Jahr einen Stand von … Tonnen pro Jahr.

……的排放量在去年达到每年……吨的水平。

7. 用于数据排序时的常见句型

当数据图中出现多个数据时,需要按照数据的大小对数据进行排序,同时注意分清前区、中区和末区数据。描述数据图时,切记不能把所有数据都进行说明,只需要找到有代表性的数据即可,如最多和最少的,以及有代表性的中区数据等。前区指的是数量最多的数据所分布的数据图中靠前的位置,末区指的是数量最少的数据所分布的数据图中靠后的位置,中区指的是中等数量数据所分布的

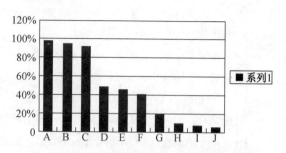

数据图中间区域。如下图所示,A, B, C 的数据可视为前区数据,D, E, F 的数据可视为中区数据,G, H, I, J 的数据可视为后区数据。

1)描述前区数据的常用句型

An erster/zweiter/oberster Stelle steht/liegt … mit … Prozent.

处于第一位/第二位/最上面位置的是占有…%的……

Die Spitzenstellung nimmt … ein.

……占据最高位置。

Den ersten Platz belegt … und der Anteil liegt bei … Prozent.

……占第一位,其份额有百分之……

Spitzenreiter ist …

领先的是……

Gefolgt von/Direkt danach kommt …

接着是/紧随其后是……

Es folgt/folgen A/B mit … Prozent.

接着是占百分之……的 A/B。

Darauf folgt … mit … Prozent.

紧跟其后的是占百分之……的。

2)描述中区数据的常用句型

A, B und C bilden das Mittelfeld und deren Anteile betragen jeweils 20%, 10% und 9%.

A, B, C 处于中间区域,各占 20%, 10% 和 9% 的份额。

Im Mittelfeld befinden sich A mit … Prozent und B mit … Prozent.

处于中间区域的是占百分之……的 A 和占百分之……的 B。

Im Mittelfeld findet man A mit … Prozent und B mit … Prozent.

处于中间区域的是占百分之……的 A 和占百分之……的 B。

3)描述后区数据的常用句型

An letzter/unterster Stelle steht/stehen/sieht man …

排在最后/排在最下方的是……

A und B gehören zu den Schlusslichtern und deren Anteile liegen jeweils bei 7% und 5%.

A 和 B 处于最后位置,所占份额分别为 7% 和 5%。

A nimmt mit … Prozent den letzten Platz ein.

A 以百分之……的份额占据最后一席。

Am unwichtigsten ist …

最不重要的是……

8. 总结图表信息的常用句型

Anhand der Grafik lässt sich zeigen, dass . . .

借助图表可以看出……

Aus der Grafik geht hervor，dass . . .

从图表中可以看出……

Es ist festzustellen，dass . . . in den letzten Jahren tendenziell steigt/sinkt.

可以确定的是，……近年来呈上升/下降的趋势。

Das Diagramm zeigt deutlich den kontinuierlichen Rückgang/Anstieg des/der . . .

该图表清楚展示了……的持续下降/上升。

Bezüglich des erfassten Zeitraums kann gesagt werden, dass . . .

就(图表)所涉及的时间段可以说……

Es fällt auf/Überraschend ist，dass . . .

引人注意的是/出乎意料的是……

第七章　图片描述(中级Ⅱ)

　　图片描述是中级德语学习的一个重要内容,学习者除了能够对图片进行恰当和有序的说明外,还要能对图片反映的主题进行相关的联想、猜测与讨论。图片描述能够综合反映学习者的德语运用水平和对问题的分析能力。本章在《新求精德语强化教程(中级Ⅱ)》附录Ⅰ的基础上,挑选了与图片描述各部分相关的重要表达,帮助大家掌握和巩固。

1. 图片描述部分

　　图片描述部分要求正确说出所看到的图片上的人、物或者场景。在描述的时候,可按照由中间到两边,由主体到部分的顺序进行描述。

● **常用表达:**

Auf dem Bild ist . . . zu sehen/dargestellt.

在图片上可以看到······/在图片上有······

Auf dem Bild sieht man . . ./sehe ich . . .

人们在图片上看到······/我在图片上看到······

Im Mittelpunkt/In der Mitte ist . . . zu sehen.

在图片中央可以看到······

Im Mittelpunkt/In der Mitte sieht man . . ./sehe ich . . .

人们在图片中央看到······/我在图片中央看到······

Im Vordergrund/Im Hintergrund des Bildes liegt/steht . . .

图片的前景中/背景中是······

Links/Rechts liegt/steht . . .

图片左边/右边是······

2. 图片主题部分

　　图片描述主题部分要求对图片作者的意图进行恰当的猜测,如为了反映某个问题、介绍某种风光、展现某种情境等。图片作者可以是画家、摄影师、漫画家、记者、旅行者等。

● **常用表达:**

Mit dem Bild möchte der Maler/Fotograf/Karikaturist darauf hinweisen, dass . . .

画家/摄影师/漫画家想用图表明······

Der Künstler möchte zeigen, dass . . .

艺术家想说明······

. . . möchte zum Ausdruck bringen, dass . . .

······想表达······

Das Bild stellt das Problem von . . . dar, dass . . .

图片展示了······的问题,即······

Es sieht so aus，als ob . . .

看起来好像……

Das ist wahrscheinlich/offenbar/vermutlich/scheinbar . . .

这可能是/显然是/推测是/看起来是……

Auffällig ist，dass . . .

引人注意的是……

Auffallend/Das Besondere daran ist，dass . . .

图片上引人注意的是/图片的特别之处在于……

3. 看图后的联想

看图后，学习者应当能够对图片进行积极或消极的评价，与自己熟悉的情况进行比较，联想到相关的场景并参与讨论等。

● **常用表达：**

Was mich auf dem Bild beeindruckt，ist，dass . . .

图片上给我留下深刻印象的是……

Das Bild spricht mich an，weil . . .

这张图片使我感兴趣的原因是……

Mit . . . vergleichend kann ich sagen，dass . . .

与……相比，我可以说……

Vergleicht man die dargestellte Situation mit . . .，kann mann feststellen，dass . . .

若把所描述情况与……对比，可以确定……

Im Vergleich mit der dargestellten Situation . . .

与所描述的情况相比，……

Im Unterschied zur dargestellten Situation . . .

与所描述的情况不同，……

Ähnlich wie die dargestellte Situation . . .

与所描述的情况相似，……

Anders als die dargestellte Situation . . .

与所描述的情况不同，……

Ich persönlich war auch schon einmal in so einer Situation.

我本人也曾处于这样的情境中。

Ich kenne die Situation gut，weil . . .

我很熟悉这样的情境，因为……

● **表达猜测：**

Wahrscheinlich/Vermutlich/möglicherweise/. . .

也许/大概/可能/……

Es könnte sein，dass . . .

可能的是，……

Ich könnte mir vorstellen，dass . . .

我可以想象……

Ich denke，dass . . .

我想……

第八章　德语报告常用表达式

用德语作课堂报告或者专业报告是德国大学学习的重要活动之一，也是大家留学德国必须具备的一项重要能力。报告通常分为导入部分、主体部分及结束语部分，本章将分别介绍各部分常见的各种表达式。

第一节　导入部分

在导入部分，通常需要由主持人介绍报告人，说明报告人的研究领域及报告的主题等。报告人在开场白部分需要向邀请人、活动主办方表达谢意，向观众问好，然后介绍自己的报告题目及报告的主要内容。

1. 介绍报告人

这部分由主持人说明报告人的姓名、身份及报告内容等。

Als ersten Referenten darf ich Herrn A begrüßen, der über das Thema X/zum Thema X sprechen wird.

请允许我向第一位报告人 A 先生表示欢迎，他将作关于……的报告。

Unsere nächste Rednerin ist Frau A. Sie wird uns über X informieren.

我们的下一位发言人是 A 女士。她将向我们讲述一些关于 X 的信息。

Das Thema des nächsten Vortrags lautet：.... Als Referentin für dieses Thema konnten wir Frau Dr. ... gewinnen.

下一个报告的题目是……，我们请到了……博士女士作为这一题目的报告人。

Wir kommen nun zum Thema X. Herr ... hat sich zu unserer Freude kurzfristig bereit erklärt, uns einen ersten Überblick über den aktuellen Stand der Dinge zu verschaffen.

现在我们谈谈……的话题。令我们高兴的是，……先生临时决定给我们概括介绍一下目前的情况。

2. 报告人的开场白

在开场白部分，报告人需要向主持人表达谢意，并问候听众。

Sehr geehrte Damen und Herren/Meine Damen und Herren, ...

尊敬的女士们，先生们/女士们，先生们：……

Liebe Freunde/Liebe Gäste, ...

亲爱的朋友们/亲爱的各位来宾：……

Herr Präsident, sehr geehrter Herr Konsul, sehr geehrte Damen und Herren, ...

总统先生，尊敬的领事先生，尊敬的女士们，先生们：……

... gerne bin ich der Einladung des Herrn Präsidenten gefolgt, Sie über X zu informieren.

……我很高兴受总统先生之邀，向你们介绍关于 X 的情况。

... ich danke Ihnen für die Einladung und die Möglichkeit, zum Thema X sprechen zu können.

……感谢您的邀请以及给我就……题目发言的机会。

... ich freue mich über die Einladung, vor Ihnen sprechen zu dürfen.

我很高兴能受邀在这里发言。

... zunächst möchte ich mich sehr herzlich dafür bedanken, dass ich heute bei/zu Ihnen sprechen darf.

首先我想衷心地感谢大家给我在这里发言的机会。

3. 介绍报告题目

Das Thema meines Vortrags/Referats/meiner Präsentation lautet/ist ...

我的演讲/报告/展示的题目是……

Ich spreche heute zu dem/über das Thema：...

今天我要谈谈……的话题。

Ich möchte Ihnen heute neue Forschungsergebnisse zum Thema ... vorstellen.

今天我想向你们介绍一下关于……的新的研究结果。

In meiner heutigen Präsentation werde ich Ihnen ... vorstellen.

在今天的展示中我将向你们介绍……

In meinem Vortrag geht es um ...

我的演讲涉及到……

Bevor ich mich den Einzelheiten zuwende, gestatten Sie mir bitte eine Vorbemerkung：...

在我介绍细节之前，请允许我声明一下：……

Doch nun zum eigentlichen Thema：...

现在言归正传……

第二节 报告主体部分的常用表达式

在报告的主体部分，报告人要介绍自己的某项研究成果或者某种新的研究发现，为了把这些成果和发现结构清楚、逻辑有序地介绍给听众，报告人通常需要用到下边的表达式，以恰当组织自己的思想脉络，获得与听众交流的最佳效果，以下将分别介绍相应的常用表达式。

1. 介绍报告的主要内容

Ich habe meinen Vortrag in drei Teile gegliedert：...

我的报告分为三个部分：……

Mein Vortrag besteht aus drei Teilen：...

我的报告由三个部分组成：……

Ich möchte auf vier wesentliche Punkte, die mir wesentlich erscheinen, eingehen.

我想谈谈对我而言很重要的四点。

Zuerst/Zunächst spreche ich über ..., dann komme ich zu ..., im dritten Teil befasse ich mich dann mit ..., und zum Schluss möchte ich noch auf ... eingehen.

首先我想讲……，接着我会讲……，在第三部分我要讲的是……，最后我还想谈谈……

Nach einem kurzen Überblick über ... werde ich mich etw.（D）... zuwenden und abschließend ... darstellen.

在简短概括……后，我将谈谈……，最后介绍……

2. 介绍报告主要内容的表达式

Als erstes wäre hier ... zu nennen.

这里要说的第一点是……

Außerdem . . . /Ebenso . . . /Ebenfalls . . . /Des Weiteren . . . /Hinzu kommt，dass . . .

还有……/也是这样……/同样的……/此外……/另外……

Ein weiterer Aspekt/Gesichtspunkt ist . . .

另一方面/另一种观点是……

Ferner ist zu erwähnen，dass . . .

此外要提到的是……

Eng damit verknüpft ist . . .

与此紧密相关的是……

Nicht zu vergessen（in diesem Zusammenhang）ist . . .

（在这种情况下）不能忘记的是……

3. 过渡到新的主题内容

Ich möchte Sie noch auf einen anderen Aspekt aufmerksam machen.

我还想请你们注意到另一个方面。

Ich wende mich nun dem Thema X zu.

我现在谈谈话题 X。

Soweit zum Thema X. Jetzt/Damit komme ich zum Thema Y.

关于话题 X，就到此为止。现在我谈谈话题 Y。

Ein weiterer（wichtiger）Punkt ist . . . /Der nächste Punkt ist . . .

另一个（重要的）要点是……/下一个要点是……

Schließlich zu dem viel diskutierten Thema X：. . .

最后谈谈讨论最多的话题 X……

Und ein letzter Punkt, den ich ebenfalls nur kurz andeute：. . .

还有最后一个要点,同样我也只是略提一下……

Soweit der erste Teil. Nun möchte ich mich dem zweiten Teil zuwenden.

第一部分到此结束。接下来我想讲讲第二部分。

Nun spreche ich über . . .

接下来我想谈谈……

Ich komme jetzt zum zweiten/nächsten Teil.

现在我来讲讲第二部分/下一个部分。

4. 提示观众注意幻灯片上的内容

Ich habe einige Folien zum Thema vorbereitet.

我为此题目准备了一些幻灯片。

Auf dieser Folie sehen Sie . . .

你们可以从这张幻灯片上看到……

Auf dieser Folie habe ich für Sie . . . dargestellt/zusammengefasst.

在这张幻灯片上我给你们展示了/总结了……

Hier erkennt man deutlich，dass . . .

这里可以明显看到,……

Wie Sie hier sehen können，ist/sind . . .

正如你们在这里看到的,……是……

第三节 结束部分的常用表达式

一个成功的报告离不开精简得体的总结。在这一部分，报告人需要把自己所讲的内容进行概括性总结或者展望某项研究的未来等。此外，报告人还需要礼貌地向听众表示感谢并请求他们参与交流。主持人也需要对整场报告作出总结。在这些交流活动中，恰当的语言表达可以帮助参与者实现良好的交流，以下将分别介绍这些语言表达式。

1. 总结报告内容

Zusammenfassend möchte ich sagen，dass ...

我的总结是……

Zusammenfassend kann gesagt werden，dass ...

总的说来，……

Abschließend lässt sich sagen，dass ...

总而言之，……

Abschließend möchte ich noch erwähnen，...

在结束时，我还想提一下……

Ich komme zum Schluss：Wie die Analyse des/der ... gezeigt hat，ist ...

我的结论是，正如……的分析所显示，……是……

Ich hoffe，Sie haben einen Überblick über ... erhalten.

我希望，你们对……已经有了大概了解。

Das Fazit meines Vortrages könnte lauten：...

我报告的结论是……

Lassen Sie mich zum Schluss noch sagen/noch einmal darauf hinweisen，dass ...

最后，请允许我再次申明/再一次指出……

2. 结束报告

Ich hoffe，dass Sie durch meinen Vortrag einige Anregungen für ... bekommen haben.

我希望你们通过我的报告获得了一些启发。

Ich hoffe，Ihnen hinsichtlich ... ein wenig Mut gemacht zu haben.

我希望在……方面给你们带来了勇气。

Wenn Sie keine weiteren Fragen haben，möchte ich jetzt meinen Vortrag beenden.

如果你们没有别的问题，我想就此结束我的报告。

Das wären die wichtigsten Informationen zum Thema ... gewesen.

这可以说是关于……话题最重要的信息。

3. 向观众致谢

Ich danke Ihnen für Ihre Aufmerksamkeit.

谢谢大家的关注。

Vielen Dank für Ihre Aufmerksamkeit. Ich bin natürlich gerne bereit，Fragen zu beantworten.

非常感谢大家的关注。我自然很愿意回答各位的问题。

Damit bin ich am Ende meines Referates. Ich danke Ihnen für Ihre Aufmerksamkeit. Wenn Sie noch Fragen haben，bin ich gerne für Sie da.

到此我的报告就结束了。谢谢大家的关注。如果你们还有什么问题，我很乐意解答。

4. 主持人总结发言

Ich möchte mich noch einmal bei den Referenten für ihre interessanten Beiträge bedanken.

我想再次感谢各位报告人所作的很有趣的演讲。

Im Namen der/des … danke ich Ihnen für die rege Teilnahme an unserer abschließenden Diskussion.

我想以……的名义感谢你们积极参与我们最后的讨论。

Besonderer Dank gebührt den Veranstaltern für die sorgfältige Vorbereitung und Organisation dieser Tagung.

特别感谢主办方对本次大会的细心准备和组织安排。

Hiermit ist unsere diesjährige Tagung beendet. Vielen Dank für Ihr Interesse. Ich wünsche Ihnen einen guten Heimweg.

到此我们今年的大会就结束了。非常感谢大家的关注。祝各位归途顺利。

第九章　德语讨论常用表达式

　　参与课堂讨论以及参与报告后的讨论也是德国大学学习中的一项重要学习活动。在讨论中,大家可以表达自己的观点,与其他人共同研究某个主题,提高自己的认识,从而获得新的发现。本章将介绍讨论活动中常用到的各种表达,帮助大家在学习这些表达的同时,更好地参与大学的讨论活动。

第一节　参与讨论

　　参与讨论的形式多种多样,可以是对报告中的某个部分提出自己的问题和想法;也可以是补充说明报告中的某个内容;还可以是对报告进行评价,表达自己的观点和立场。这一部分是报告中最能产生新的思想和新的观点的部分,为此大家需要熟练运用以下各种常用表达式,为将来参与各种讨论活动做好准备。德福口语考试中也对这种参与讨论的能力提出了较高的要求。

1. 发言用语

Dürfte ich etwas dazu sagen?

我可以对此说些我的看法吗?

Entschuldigung, ich würde gern etwas dazu sagen.

很抱歉,我想说一下我的想法。

Zu diesem Punkt möchte ich gern Folgendes anmerken.

在这点上我想做以下说明。

Können Sie das näher erläutern?

您能更进一步说明吗?

Gut, dass Sie das ansprechen.

很好,您提到了这一点。

Ich möchte nur noch eines sagen ...

我还想再讲一点。

Sie sagten gerade: ... Könnten Sie das vielleicht kurz erläutern?

您刚才说……,或许您能对此简单解释一下?

Darf ich Ihnen direkt dazu eine Frage stellen?

我能直接就此向您提一个问题吗?

Erlauben Sie eine Zwischenfrage?

能允许我打断您,提一个问题吗?

2. 同意某种观点

Ich bin da völlig/ganz Ihrer Meinung.

我完全赞同您的观点/我的观点跟您一样。

Dem kann ich nur voll zustimmen.

对此我完全同意。

Das sehe ich ganz genau so.

我也这样看。

Das ist auch meine Erfahrung, denn . . .

这也是我的个人经验,因为……

3. 反驳某种观点

Erlauben Sie mir, dass ich Ihnen widerspreche.

请允许我反驳您的观点。

Entschuldigung, aber das sehe ich ganz anders, denn . .

很抱歉,但我的看法完全不同,因为……

Das überzeugt mich nicht.

这不能让我信服。

Glauben Sie wirklich, dass . . .

您真的认为……

Das kann doch nicht Ihr Ernst sein.

您不是真这么想的吧。

4. 重新回到讲过的要点

Darf ich noch einmal auf . . . zurückkommen?

我能再讲讲刚才谈到过的……吗?

Ich würde gerne noch einmal den Gedanken von vorhin aufgreifen.

我想从头再谈谈这个想法。

Ich möchte noch einmal auf das zurückkommen, was Sie eingangs gesagt haben.

我想再一次回到您开始时谈过的内容。

Kommen wir noch einmal zurück zu der Frage.

让我们再次回到这个问题上。

5. 表达相反的观点

Sie haben zwar Recht, aber ich meine trotzdem, dass . . .

您虽然说得有道理,但我认为……

Das stimmt zwar, aber . . .

尽管这是对的,但是……

Ich verstehe, dass . . . , aber . . .

我理解……,但是……

Man sollte jedoch bedenken, dass . . .

我们应该考虑到……

Ja, aber ich möchte doch darauf bestehen, dass . . .

是的,但我还是坚持……

Mir bleiben da doch noch so einige Zweifel.

对此我还是有些怀疑之处。

6. 确认所听到的内容

Sie meinen/finden also, dass . . .

您认为/觉得……

Also, Sie haben gesagt, dass . . . Habe ich Sie da richtig verstanden?

嗯,您说过……,我理解的意思对吗?

Wenn ich Sie richtig verstanden habe, vertreten Sie die Auffassung, dass ...

如果我的理解正确的话,您的观点是……

7. 打断发言人的话

Da muss ich aber jetzt doch kurz einhaken.

但我现在得简短地插几句。

Entschuldigung, darf ich Sie kurz unterbrechen?

很抱歉,我能简短地打断您一下吗?

Tut mir Leid, wenn ich Sie unterbreche, aber ...

如果我打断了您的讲话,非常抱歉,但是……

8. 修改发言中不够清楚的地方

Darf ich kurz etwas richtig stellen?

我能纠正一下吗?

Ich habe mich eben vielleicht nicht ganz klar ausgedrückt. Lassen Sie es mich noch einmal anders formulieren：...

也许我刚才没有表达清楚,请允许我换种方式表达……

9. 要求提问者在本人讲完后再发言

Bitte lassen Sie mich kurz noch meinen Gedanken zu Ende führen.

请让我讲完我的想法。

Einen Augenblick bitte, darf ich das noch eben abschließen?

等一下,我可以先把这个部分讲完吗?

Einen Moment Geduld bitte, ich bin gleich fertig.

请耐心点,我就要讲完了。

Augenblick noch bitte, ich bin gleich fertig.

还请等一下,我就要讲完了。

Könnten Sie mich bitte aussprechen lassen?

能让我把话讲完吗?

Darf ich das bitte erst einmal zu Ende führen?

我能先把这讲完吗?

Lassen Sie mich bitte ausreden.

请允许我把话说完。

10. 强调某项内容

Das Entscheidende ist für mich, ob/dass ...

对我来说,有决定性意义的是,是否……/……

Das Wichtigste ist für mich, dass ....

对我而言,最重要的是……

Ich würde gern noch einmal auf den Punkt eingehen, der mir besonders wichtig ist：...

我想再次说明一下我认为特别重要的那点……

11. 举例说明

Ich verweise nur auf ...

我只是指出……

Denken Sie nur an ...

您只要想一下……

Dies kann man bei/in … nachlesen.

这点可以在……中查阅到。

Ich beziehe mich dabei auf …

我以……为例

12. 对所听报告进行评价

Die Präsentation hat mir gut gefallen.

我很喜欢这个展示。

… ist gut gelaufen.

……进行得很顺利。

Hier hättest du noch …

这里你最好……

Hier hätte man noch … zeigen können.

这里你还可以展示一下……

Es wäre vielleicht gut/besser gewesen, wenn du …

如果你……，也许很好/更好。

Auf Punkt … hättest du noch stärker eingehen können.

在……这一点上你还可以更进一步探讨。

Ich denke, der Aspekt X wurde zu ausführlich behandelt.

我认为，……方面说得过于详细。

Was hältst du von folgender Idee：…

你怎么看下面的想法……

第二节　主持人在讨论中的常用表达式

主持人在讨论中扮演着重要的角色，他要主持整个讨论，以使其有序进行。从欢迎来宾，介绍报告人和主题到安排讨论议程，掌握讨论时间等，每一个环节都不能有疏忽。为此，主持人也需要使用一些常用的表达式，以完成讨论中的各个环节。熟悉和掌握主持人的常用表达式，有助于大家更好地参与各种讨论活动，以下将分别介绍这些表达式。

1. 表示欢迎

Im Namen des Veranstalters heiße ich Sie alle herzlich zu dieser Gesprächsrunde willkommen.

我以主办方的名义对出席本轮会谈的各位表示热烈欢迎。

Meine Damen und Herren, ich begrüße Sie herzlich zu unserer Veranstaltung.

女士们，先生们，衷心欢迎你们参加这次活动。

Ich habe die Ehre, Sie im Namen der/des … zu dieser Podiumsdiskussion begrüßen zu dürfen.

我很荣幸能以……的名义欢迎你们参加这次论坛讨论会。

2. 介绍参加者和话题

In der heutigen Veranstaltung geht es um die Frage/wollen wir die Frage diskutieren, …

今天的活动是关于/我们要讨论……的问题。

Das Thema unserer Diskussionsrunde lautet：…/Unser Thema ist：…

我们本轮讨论的主题是……/我们的主题是……

Wir möchten uns heute der Frage widmen/zuwenden，...

我们今天要着力探讨/讨论……的问题。

Wir möchten/werden uns heute mit der Frage auseinandersetzen/beschäftigen，...

我们今天想/将要研讨/研究的问题是……

3. 介绍讨论注意事项和议程

Ich möchte Sie alle darum bitten, sich möglichst an die zuvor vereinbarten Redezeiten zu halten.

我想请求各位尽可能遵守之前定好的发言时间。

Ich schlage vor, dass wir zunächst über X, dann über Y sprechen und uns am Ende mit dem Thema Z befassen.

我建议，我们首先讨论主题 X，然后主题 Y，最后是主题 Z。

4. 组织发言，请参加人表明观点

Ich möchte zunächst Frau/Herrn X das Wort erteilen.

我想首先请 X 女士/先生发言。

(Und nun zu Ihnen，) Herr X.

(现在到您了，)X 先生。

Was ist denn Ihre Meinung/Ansicht/Position zu ...?

您对……的观点/看法/立场是什么？

Was halten Sie denn von ...?

您对……究竟怎么看？

Glauben Sie auch, dass ...? /Stimmt es, dass ...?

您也认为……？ /……，是这样吗？

Überzeugen Sie die Argumente Ihres Vorredners oder vertreten Sie eine ganz andere Meinung?

您是同意您之前的演讲者的观点还是有不同的看法呢？

Wie stellt sich denn die derzeitige Situation in Ihren Augen/aus Ihrer Perspektive dar?

在您看来/从您的角度看，目前的形势是怎样的？

Es ist vorgeschlagen worden, dass ... Teilen Sie diese Ansicht?

有人建议……，您同意这个观点吗？

Frau X，...

X 女士，……

Wären Sie so freundlich und uns erklären, ...?

您能给我们解释一下……吗？

Herr X, möchten Sie dazu direkt Stellung nehmen? /möchten Sie direkt darauf antworten?

X 先生，您对此想直接表明立场吗？ /您想直接回答这个问题吗？

Wer möchte sich dazu äußern?

谁想发表意见吗？

Möchte noch jemand etwas dazu sagen?

还有人想对此说些什么吗？

5. 确认发言内容

Ich möchte noch einmal nachfragen：Was verstehen Sie unter ...?

我还想问一下：您怎么理解……？

Sie meinen also, dass ... /Könnte man demnach sagen, dass ...?

您也认为……/……可以这样说吗？

Verstehe ich Sie richtig? Sie plädieren für . . .

您主张……，我正确理解了您的想法吗？

6. 讨论中的议程问题

Ich glaube，wir kommen vom eigentlichen Thema ab/das führt uns vom eigentlichen Thema ab.

我认为，我们偏离了原题/这使我们偏离了原题。

Wir sollten uns vielleicht . . .

我们也许应该……

- zunächst auf die Frage X konzentrieren，

- 首先集中于问题 X，

- im Moment darauf beschränken zu diskutieren，was/wie . . . ，

- 目前仅讨论，……什么/怎样

- nicht so sehr in Einzelheiten verlieren/verbeißen，sondern . . .

- 不应这么钻牛角尖/抓住细节不放，而应……

Sind Sie damit einverstanden，dass wir diesen Punkt später behandeln/die Frage später klären?

我们之后再讨论这一点/晚点说明这个问题，您同意吗？

Das sollten wir vielleicht lieber später noch einmal aufgreifen.

也许我们应该稍后再探讨一下这个问题。

Vielleicht könnten wir diesen Punkt noch etwas zurückstellen. Wir werden noch darauf zu sprechen kommen.

也许我们可以把这点缩小一下。我们后边还会再就此讨论。

Könnten wir bitte beim Thema bleiben?

我们能只探讨这个主题吗？

Könnten Sie bitte zur Sache sprechen?

您能切入正题吗？

7. 讨论新话题

In dem Zusammenhang möchte ich gerne noch kurz auf den folgenden Aspekt zu sprechen kommen.

在这种情况下，我还想说说以下几个方面。

Ist es vorstellbar，dass . . . ?

可以想象……吗？

Dies/Die gerade gemachten Ausführungen bringt/bringen uns（direkt）zu der Frage，wie/ob . . .

这/刚才的阐述使我们（直接）看到这样的问题，怎样……/是否……？

Ich möchte die Anregung von Frau X aufgreifen und an die Runde die Frage stellen，. . .

我想谈谈 X 女士的建议，并且问大家一个问题，……

Ich denke，es ist Zeit/es ist sinnvoll，sich jetzt dem Thema . . . zuzuwenden.

我认为，现在探讨……话题正是时候/是明智的。

Ich würde jetzt gerne auf das Thema . . . zu sprechen kommen/zu dem zweiten Thema des Abends übergehen.

现在我想讲讲……这一话题/转到今晚要讨论的第二个话题。

Man könnte diesen Aspekt sicherlich noch eingehender diskutieren，aber wir haben noch gar nicht über die zentrale Frage Y gesprochen.

就这一方面确实可以再深入讨论，但我们还完全没有讨论中心问题 Y。

8. 发言不清楚

Einen Augenblick. /Einen Moment, bitte, das Mikrophon scheint nicht richtig zu funktionieren.

等一下。/请稍等片刻，麦克风好像出了点问题。

Könnten Sie Ihren Satz bitte noch einmal wiederholen? Ich glaube, er war akustisch nicht gut zu verstehen.

您能重复下您说的话吗？我想，那句话说得不够清楚。

Könnten Sie bitte etwas lauter/langsamer sprechen?

您能说得再大声点/再慢点吗？

Bitte nicht alle durcheinander. Frau X, Sie haben das Wort.

不要全都一起说。X 女士，您来发言。

9. 提示时间

Wir sollten langsam zum Ende kommen.

我们得慢慢结束讨论了。

Unsere Zeit ist leider（gleich）schon um. Ich möchte aber jedem noch die Möglichkeit eines kurzen Schlusswortes geben. Wer möchte beginnen?

可惜我们的时间（正好）到了。但我想让各位再总结一下自己的发言。从谁开始？

10. 总结讨论

Ich darf vielleicht die Ergebnisse der Diskussion kurz zusammenfassen：...

或许我能简单总结一下讨论的结果：……

Es wurde die Auffassung vertreten, dass ...

大家的观点是……

Das Fazit der Diskussion könnte also lauten：...

讨论的结果可以总结如下：……

Wir halten also fest, dass ...

我们确认……

11. 告别

Hiermit ist unsere Gesprächsrunde beendet. Vielen Dank für die anregenden Diskussionsbeiträge.

到这里我们的本轮会谈就结束了。非常感谢大家令人受启发的发言。

Am Ende möchte ich noch einmal ausdrücklich den Veranstaltern für die hervorragende Vorbereitung und Organisation danken.

最后我想再次感谢主办方完美的准备和组织工作。

Ich wünsche allen einen guten Heimweg und würde mich freuen, Sie bei unserer nächsten Runde wieder begrüßen zu dürfen.

祝各位归途顺利！期待在下一轮的讨论中再见到各位。

第十章　正反论证常用表达式

　　在用德语进行书面和口头正反论证某个问题的时候,需要有一定的论证结构,即引论、主体部分和结尾三个部分。每个部分有不同的功能,语言上也有一些常见的表达方式。本章将按论证结构分别介绍各种常见表达,帮助大家学会用德语进行正反论证,也为德福口语考试做好准备。

1. 引论部分(Einleitung)

　　引论部分的主要作用是阐述所探讨话题的相关背景知识并且提出问题。在口头发言中,可以根据发言时间长短决定该部分的长短,提出问题的常用表达式如下:

In dieser Situation stellt sich die Frage, ob es nicht besser wäre, wenn ...

在这种情况下提出的问题是,如果……,是否会更好。

Daher taucht immer wieder die Frage auf, ob ...

因此不断出现这个问题,是否……

Daraus ergibt sich die Frage ...

由此产生的问题是……

Dies führt zu der Frage ...

这导致的问题是……

2. 主体部分(Hauptteil)

　　在主体部分通常需要从正面和反面两个角度论证所提出的问题,发言人可以先从正面论证,把所有支持某个观点的论据一一进行阐述,然后从反面论证,同样要将各种反对的论据进行说明。或者采用对比的方法,以一个支持、一个反对的论据为论证的一个层次,再接着用第二个支持、第二个反对的论据构成第二个论证层次。在论证时,需要对论据进行进一步的说明,最好能用例子予以证明,从而得出最后的结论。

　　1) 表示赞成某个观点的表达式(pro)

Für ... spricht ...

支持……的是……

Dafür spricht, dass ...

……是支持这点的。

Ein weiteres Argument für ... ist ...

另外一个支持……的论据是……

Einer der wichtigsten Gründe, der für ... spricht, ist, dass ...

支持……的一个最重要原因是……

Das wichtigste Argument für ... bezieht sich auf ...

支持……的最重要的论据涉及到……

Das Hauptargument für .../dafür, dass ..., ist ...

支持……的主要论据是……

　　2) 表示反对某个观点的表达式(contra)

Gegen ... spricht ...

反对……是……

Dagegen spricht，dass . . .

……是反对这点的。

Ein weiterer Einwand ist . . .

另一个异议是……

Einer der wichtigsten Gründe, der gegen . . . angeführt wird，ist . . .

反对……的一个最重要原因是……

Der wichtigste Einwand bezieht sich auf . . .

最主要的反对意见涉及……

Das Hauptargument gegen . . . /dagegen，dass . . .，ist . . .

反对……的主要论据是……

3. 结论部分(Schlussteil)

在结论部分，发言人需要表明自己的立场，并且进行简短的说明。该说明部分的内容不能重复主题部分在论证时已经提到过的内容。结论部分的常用表达式如下：

Ich bin der Meinung/Ansicht/Auffassung/Überzeugung, dass . . .

我的意见/观点/想法/我坚信……

Meiner Meinung/Ansicht/Auffassung/Überzeugung nach . . .

按照我的观点/想法/意见/信念……

Ich vertrete den Standpunkt/stehe auf dem Standpunkt，dass . . .

我的立足点/立场是……

Meine Einschätzung der Lage ist Folgende/folgendermaßen：. . .

我对局势的估计如下/有如下几点：……

Ich beurteile dieses Problem folgendermaßen/wie folgt：. . .

我对这一问题的判断如下/有如下几点：……

第十一章　德语采访常用表达式

　　听懂和读懂各种采访类的文章是中级德语学习的重要目标之一。《新求精德语强化教程(中级)》中选用了较多的此类文章。德福听力的第二道题目也是让大家听懂具有一定难度的采访。和其他文体一样,采访也有自己的特殊结构和相关常用表达。通过学习这些常用表达,大家能够在听的时候更加有重点、有目的地抓住发言人所讲的内容。同时,也可以学会如何采访别人,如何提出和探讨问题等。

　　本章旨在介绍常见的采访用语和表达式,帮助大家熟悉采访的结构及相关表达,在能够听懂采访对话的同时,也能采访他人。

1. 采访开场白

Entschuldigen Sie bitte, haben Sie etwas Zeit? Ich würde/Wir würden Sie gern zum Thema . . . interviewen.

打扰一下,请问您有时间吗? 我想/我们想就……对您进行采访。

Ich bin . . . und möchte gern/Wir sind . . . und möchten ein Interview über . . . durchführen. Hätten Sie ein wenig Zeit für mich/uns?

我/我们是……,想要作一个关于……的采访。请问您能给我/我们一些时间吗?

2. 确认所听到的内容

Habe ich (Sie) richtig verstanden? Sie meinen . . .

您认为……,我正确理解您的意思了吗?

Wenn ich Sie richtig verstanden habe, meinen Sie, dass . . . Stimmt das (so)?

如果我正确理解了您的意思,您认为……,是吗/是这样的吗?

Ich bin nicht sicher, ob ich Sie richtig verstanden habe. Meinen Sie . . . ?

我不确定是否正确理解了您的意思。您的意思是……?

Sie sagten: . . . Würden Sie das bitte erläutern?

您说……,您能解释一下吗?

Was versteht man unter . . . ?

您是怎么理解……的?

Was verstehen Sie unter . . . ?

您怎么理解……?

3. 强调自己的讲话内容

Ich meine damit . . .

我这样说是指……

Ich meinte Folgendes: . . .

我指的是如下几点:……

Was ich eigentlich sagen wollte, war Folgendes: . . .

我本来想表达的是以下几点:……

Besser gesagt, . . .

更好地表达就是……

4. 深入探讨对方所讲的内容

Darf ich noch einmal auf den Punkt ... zurückkommen?

能允许我再回到刚才讨论的……这点上吗？

Ich möchte gern noch einmal auf das zurückkommen, was Sie vorhin gesagt haben：...

我想再回到您刚才说过的那个问题上，就是……

Ich würde gern noch mal auf das eingehen, was Sie vorhin gesagt haben：...

我想再探讨一下您刚才说的……

Dürfte ich den Gedanken/den Punkt ... noch einmal aufgreifen?

能允许我再谈论一下……这个想法/这一点吗？

5. 采访中的结构性表达

Darf ich zunächst mal ...

我可以首先……吗？

Kommen wir zur Frage：...

我们现在谈谈这个问题：……

Ich würde jetzt gern zum nächsten Punkt kommen.

现在我想说说下一点。

Können wir bitte (noch etwas) beim Thema ... bleiben?

我们能（多点时间）就讨论……这个话题吗？

Kommen wir noch mal zurück zur Frage：...

让我们回到……这个问题上。

6. 提出问题

Dürfte ich bitte kurz nachfragen：...?

我能问一下……吗？

Könnte ich (direkt) dazu eine Frage stellen：...?

我能（直接）提出一个问题吗？就是：……

Eine (kurze) Frage bitte：...?

我有一个（简短的）问题：……?

7. 打断被采访人的话

Entschuldigen Sie bitte die Unterbrechung, aber ...

抱歉打断您，但是……

Entschuldigung, darf ich Sie kurz unterbrechen?

打扰一下，我能打断您一下吗？

Tut mir Leid, wenn ich Sie unterbreche：...

抱歉，我打断您是想说……

Da würde ich gern kurz einhaken：...

我想稍微插一句话：……

8. 评价对方的发言

Das finde ich toll!

我觉得这观点极好！

Das ist aber interessant!

但这很有趣！

Das ist eine gute Idee!

这真是个好主意！

Da bin ich skeptisch.

对此我表示怀疑。

9. 结束采访

Das war sehr interessant，Frau/Herr … Vielen Dank!

这很有趣，……女士/先生，非常感谢！

Frau/Herr … ich danke Ihnen für dieses interessante/informative Gespräch.

……女士/先生，感谢您如此有趣/信息丰富的谈话。

Hiermit sind wir am Ende unseres … Ich danke Ihnen für …

我们的……到这里结束了，感谢您……

第十二章 情景口语常用表达式

本章所选用的常用情景表达式既涉及到论证、评价等语言活动，也涉及日常的交际对话。大家需要熟练掌握，做到在讲话的时候，不用考虑就能说出相应的正确的句子。本章的各种表达式通常用于非正式的场合，如与朋友、家人等聊天，帮助大家体会在宽松氛围中的讲话发言，从语音效果看，这些表达式显得更加放松与自然。

第一节 情景口语表达

1. 论证

Ich halte ... für gut/schlecht/..., denn ...

我认为……是好的/不好的/……，因为……

Eine gute/schlechte Idee ist ..., da ...

好主意/坏主意是……，因为……

Ein wichtiger/entscheidender Vorteil/Nachteil ist ...

一个重要的/起决定作用的优点/缺点是……

Man muss auch bedenken, dass ...

我们也要考虑到……

... ist sicherlich sinnvoll/... macht gar keinen Sinn, weil ...

……确实是有意义的/……是毫无意义的，因为……

Ein Argument für/gegen ... ist ...

支持/反对……的一个论点是……

Man darf nicht vergessen, dass ...

我们不可以忘记……

Besonders hervorzuheben ist auch ...

还要特别强调的是……

Für mich ist es wichtig, dass ...

对我而言，……是很重要的。

... ist ein wichtiges Argument für ...

……是支持……的一个重要论据。

... macht klar, dass ...

……显示得很清楚，……

2. 给予积极或消极评价

1）积极评价（用于评价电影、故事、出版物等）

... gefällt mir sehr.

我很喜欢……

Ich finde ... sehr spannend/kurzweilig/unterhaltsam.

我认为……引人入胜/很有趣/令人愉快。

Das ist eine sehr lesenswerte Geschichte.

这是一个值得读的故事。

. . . ist gut durchdacht und überraschend.

……构思很好,出乎意料。

. . . macht mich neugierig.

……让我好奇。

2) 负面评价

Ich finde . . . komisch/seltsam/unmöglich/verwirrend.

我认为……很奇怪/罕见/不可能/令人疑惑的。

Für mich ist . . . Unsinn.

对我而言,……是瞎扯。

. . . ist nicht mein Geschmack.

……不是我喜欢的。

Ich kann . . . schlecht verstehen.

我不能理解……

3. 表达观点

Meiner Meinung nach ist das Unsinn, denn . . .

在我看来这是瞎扯,因为……

Ich bin davon überzeugt, dass . . .

我坚信……

Ich finde, dass man zwar einerseits . . . , andererseits ist es aber auch wichtig zu sehen, dass . . .

我认为,虽然我们一方面……,但另一方面很重要的是,我们要看到……

Für mich persönlich hat . . . keine besondere Bedeutung, denn . . .

就我个人而言,……没有什么特别的意义,因为……

Ich vertrete die Ansicht/den Standpunkt, dass . . .

我代表的观点/立足点是……

Aufgrund dieser Argumente bin ich der Meinung, . . .

基于这些论据,我的观点是……

Aus meiner Erfahrung heraus kann ich nur unterstreichen . . .

从我的个人经验出发,我只能强调……

4. 举例

Lassen Sie mich folgendes Beispiel anführen . . .

请让我举以下的例子……

Man sieht das deutlich an folgendem Beispiel, . . .

从以下例子中可以明确看出……

Ein Beispiel dafür/dagegen ist . . .

支持/反对这点的一个例子是……

An folgendem Beispiel kann man besonders gut sehen . . .

从下面这个例子,我们可以非常清楚地看到……

5. 列出赞成或反对的论据

Dafür/Dagegen spricht ...

支持/反对的理由是……

Einerseits/Andererseits ...

一方面/另一方面……

Ein wichtiges Argument für/gegen ... ist ...

支持/反对……的一个重要论据是……

6. 总结

Insgesamt kann man sehen, ...

总的来看,……

Zusammenfassend lässt sich sagen, dass ...

总而言之,……

Abschließend möchte ich sagen, ...

作为结论我想说……

7. 赞同

Ja, das kann ich mir gut vorstellen.

是的,这我能很好地想象得出。

Ja, sicher.

是的,确定无疑。

Ja, das sehe ich auch so.

是的,我也这么看。

Das sehe ich ganz genau so.

我也是这样想的。

Das ist auch meine Erfahrung, denn ...

这也是我个人的经验,因为……

Ich denke, diese Einstellung ist richtig, denn ...

我认为这个想法是对的,因为……

Ich finde, ... hat Recht, wenn er/sie sagt, dass ...

我认为,他/她说……是有道理的。

8. 反对

Der Meinung bin ich auch, aber ...

我也是这个想法,但是……

Das ist sicher richtig, aber ...

这肯定是对的,但是……

Ich sehe das (etwas/völlig/ganz) anders, denn ...

我的看法(有点/完全/根本)不同,因为……

Da muss ich dir/Ihnen aber widersprechen.

我得反驳你/您的观点。

Tut mir Leid, aber ich sehe das doch etwas anders.

抱歉,但我的看法有点不一样。

Man sollte jedoch bedenken, dass ...

我们也要考虑到……

9. 猜测

Es ist denkbar/möglich/vorstellbar，dass …

……是可以想到的/可能的/可以想象的。

Wahrscheinlich/Vermutlich ist …

也许/大概……

Es könnte（gut）sein，dass …

……是（完全）有可能的。

Ich nehme an，dass …

我假设……

Es kann sein，dass …

……是可能的。

10. 建议

1）提建议

Wie wär's，wenn wir …？

如果我们……，怎么样？

Mein Vorschlag wäre …

我的建议是……

Am besten ist/wäre es …

最好是……

Du solltest …/Du könntest …

你应该/最好……

Ich kann dir nur raten …

我只能建议你……

Ich würde dir raten/empfehlen …

我想建议/推荐你……

Auf keinen Fall solltest du …

无论如何你不应该……

Es lohnt sich，…

……是值得的。

Sag mal，wäre es nicht besser，wenn …

你看，如果……，不是更好吗？

Sinnvoll/hilfreich/nützlich wäre，wenn …

如果……，是有意义的/有帮助的/有用的。

Dabei sollte man beachten，dass …

在此，我们要注意的是……

Wie wäre es，wenn …

如果……，会怎样呢？

Hast du schon mal über … nachgedacht?

你仔细考虑过……吗？

An deiner Stelle würde ich …

如果我是你，我会……

2）提出另外的建议

Das ist sicher keine schlechte Idee，aber kann man nicht ...？

这肯定是个不错的主意，但（人们）不能……吗？

Gut，aber man sollte überlegen，ob es nicht besser wäre，wenn ...

是的，但应该考虑到，如果……，难道不会更好吗？

Anstatt ... sollte/könnte man ...

代替……，人们应该/或许可以……

Wie wär's，wenn wir es anders machen. Und zwar ...

如果我们不这样做会怎样，即……

3）赞同某个建议

Das hört sich gut an.

这听起来挺好。

Gute Idee.

好主意。

Einverstanden，das ist ein guter Vorschlag.

同意，这是个好建议。

4）拒绝某个建议

Ich halte diesen Vorschlag für nicht durchführbar.

我认为这个建议不可行。

So geht das auf keinen Fall.

无论如何这都是不可行的。

Das lässt sich nicht realisieren.

这是实现不了的。

11. 作出决定

Lassen Sie uns Folgendes vereinbaren：...

请让我们作如下约定：……

Darauf könnten wir uns vielleicht einigen.

对此也许我们可以达成一致。

Wären alle damit einverstanden，wenn wir ...？

如果我们……，所有人都同意吗？

12. 概括文章内容

1）导入句

Im Text geht es um ...

这篇文章谈到……

Im Text handelt es sich um ...

这篇文章涉及……

Der Text handelt von ...

这篇文章涉及……

Das Thema des Textes ist ...

这篇文章的主题是……

Der Text behandelt die Frage，...

这篇文章研究的问题是……

2）概括文章内容

In dem Text ... handelt es sich um ...

在……这篇文章涉及……

Die Hauptaussage des Textes ist Folgende：...

以下是这篇文章的主要思想……

Es geht hauptsächlich/vor allem darum，...

主要/首先谈到的是……

Es wird außerdem/darüber hinaus/zudem beschrieben，...

此外/另外/还描述了……

Der Autor betont ... /hebt ... hervor/bezieht sich auf .../stellt ... dar.

作者强调/突出/想说明/展现……

Diese Aussage wird durch einige/viele/zahlreiche Beispiele aus ... （Bereich） belegt.

这个论断得到了……（方面）的一些/许多/无数例子的证明。

Der Autor verdeutlicht dies mit Beispielen aus ...

作者通过……的例子说明这一点。

Im ersten/zweiten/nächsten Abschnitt geht es um ...

在第一/第二/下一段落中讲的是……

Abschließend/Danach/Im Anschluss daran wird beschrieben/dargestellt/darauf eingegangen，

dass ...

紧接着/之后/紧接着/描写/展现/探讨了……

Eine wesentliche Aussage ist ...

一个重要的论断是……

Der Text nennt folgende Beispiele：...

文章举出了以下例子：……

3）小结

Zusammenfassend kann man sagen，dass ...

作为总结人们可以说……

Als Hauptaussage lässt sich festhalten，dass ...

可以确定的主要思想是……

Insgesamt kann man sehen，...

总的来看，……

Zusammenfassend lässt sich sagen，...

总而言之，……

13. 打电话

Ich rufe an wegen ...

我打电话是因为……

Ich rufe aus folgendem Grund an：...

因为以下原因我打电话……

Ich hätte gern Informationen zu ...

我想知道关于……的信息。

14. 提问题

Ich würde gern wissen, . . .

我想知道……

Mich würde auch interessieren, . . .

我也很感兴趣,……

Wie ist das denn, wenn . . .

如果……,这会怎样呢?

Ich wollte auch noch fragen, . . .

我还想问……

15. 描述,描写

Mir ging es ganz ähnlich, als . . .

当……时,我的感觉十分相似。

Bei mir war das damals so：. . .

我当时的情况是这样的：……

Man lernt sich selbst besser kennen.

人们学会更好地认清自己。

In . . . gilt es als sehr unhöflich, . . .

在……(国家、地区),……是非常不礼貌的。

Von einem Freund weiß ich, dass . . . , wenn . . .

我从一个朋友处得知……,如果……

第二节 其他情景口语常用表达式

本节收录了在日常交际中经常听到的各种表达式,对于中级阶段的学习者而言,能够听懂,并且能够熟练使用下列表达式,将会有效提高自己的情景听说水平。

Das hat keinen Sinn.

这没有任何意义。

Man muss auch bedenken, dass . . .

必须考虑到……

Man darf nicht vergessen, dass . . .

不能忘记的是……

Ich bin gespannt auf . . . /darauf gespannt, wie . . .

我很期待……/我很期待,如何……

Für mich ist . . . Unsinn.

对我而言,……毫无意义。

Für mich ist es schwierig, wenn . . .

对我而言,……很困难。

Es ist ganz normal, dass . . .

……太平常了。

Ich bin sehr froh, dass . . .

我很高兴……

Ich freue mich sehr/riesig für dich.

我为你感到由衷的高兴。

Das ist eine tolle Nachricht.

这是一个极好的消息。

Wir haben oft bemerkt, dass ...

我们经常注意到……

Es ist ein gutes Gefühl, ... zu ...

做……，感觉真好。

Von einem Freund aus Frankreich weiß ich, dass ...

我从一个法国朋友那里得知……

Als ich einmal in ... war, ist mir etwas sehr Lustiges passiert.

当我曾经在……（地方）时，我经历了一些有趣的事情。

Wir hatten einmal Besuch von Freunden aus ...

曾经有来自……的朋友到我们这里做客。

Bei mir ist das ganz anders.

我经历的完全不同。

Ihm blieb vor Schreck der Atem stehen.

他吓得气都喘不过来。

Ihm schlug das Herz bis zum Hals.

他的心都跳到嗓子眼了。

Was war hier los?

这里发生过什么事情？

Durch Ihre Anzeige wird der Eindruck geweckt, dass ...

你们的广告让人产生了……的印象。

Die Erwartungen, die Sie durch die Anzeige wecken, sind ...

看了你们的广告产生的期望是……

Ich finde es völlig unangebracht, dass ...

我认为……非常不合适。

Ihr Artikel ... spricht ein interessantes Thema an.

您的文章……探讨了一个有趣的话题。

Nach erfolgreichem Abschluss meines/meiner ...

在我成功结束……（学习/工作/实习等）后

In meiner jetzigen Tätigkeit als ... bin ich ...

在我目前从事……（工作）期间，我……

Ein Praktikum bei der Firma ... hat mir gezeigt, dass ...

在……公司的实习让我看到……

Mit dem Eintritt in Ihr Unternehmen verbinde ich die Erwartung, ...

成为贵公司一员之时，我希望……

Über eine Einladung zu einem persönlichen Gespräch freue ich mich sehr.

希望能够受邀面谈。

Oh，da habe ich mich verwählt，Verzeihung.

哦，我拨错号码了，对不起。

Wie war das noch mal?

请再说一遍，是什么来着？

Dazu kann ich Ihnen Folgendes sagen：...

对此我只能说……

Das wird folgendermaßen gehandhabt：...

这件事将作如下处理：……

Gut，wir können Folgendes festhalten：...

好，我们就这么定下来：……

Wir verbleiben also so：...

那么我们就这么定了……

Vielen Dank für die Auskunft.

谢谢告知。

Für mich wäre es gut，...

对我而言，……就好了。

Aus meiner Erfahrung heraus kann ich nur unterstreichen，...

根据我的经验，我只能说……

Das hat mir sehr geholfen. Vielen Dank.

这解决了我的大问题。谢谢。

Ich melde mich dann noch mal.

我会再联系你。

Ich bin der Ansicht，dass ...

我的看法是……

Ich sehe das（ganz）anders.

我是（完全）另外一种看法。

Es ist unwahrscheinlich，dass ...

……是不可能的。

Das kann ich mir überhaupt nicht vorstellen.

我根本无法想象这种情况。

Ich nehme an，dass ...

我猜想……

Es kann sein，dass ...

有可能……

Ich kann dir nur raten ...

我只能建议你……

Auf keinen Fall solltest du ...

无论如何你不能……

Überleg dir das gut.

好好考虑一下这件事。

Verstehe mich nicht falsch，aber ...

你不要错误理解我的意思,但是……

Sinnvoll wäre, wenn …

如果……,就有意义了。

Er wollte schon immer …

他一直想……

Ich befürchte nur, …

我只是担心……

Sag mal, wäre es nicht besser, …

嗨,……不是更好吗?

Ich möchte Euch zur Geburt Eures Sohnes beglückwünschen.

我祝贺你们喜得贵子。

Ich bin sehr froh, dass …

我很高兴……

Es wäre sehr freundlich von Ihnen, wenn …

如果……,您就真是太好了。

Die Geschichte ist voller Widersprüche.

这个故事矛盾重重。

第十三章　常用缩写

在德语学习过程中，大家接触和认识了许多德语的缩写形式。作为一种特殊的书面书写形式，这些缩写在书面交际中节约了书写时间，提高了交际效率。这些缩写的形式约定俗成，表达固定的意义，不能随意更改。对中国德语学习者而言，虽然可以在阅读文献的时候使用词典等工具书查阅这些缩写的具体意义，但在听讲或做笔记时，往往不能迅速理解、写出相应的缩写形式。为此，本章对德语中的常用缩写进行了梳理与挑选，从德语学习的角度把缩写分为应用型与常识型两类，方便大家学习和掌握。这样的区分有利于大家有针对性地掌握那些需要熟练运用的缩写。

第一节　应用型缩写

顾名思义，应用型缩写指的是常见的、听者能够快速理解并熟练运用的缩写，这些缩写出现频率非常高，必须熟练掌握。

应用型缩写的掌握难点在于把这些缩写形式熟练运用到自己的语言实践中，即能够在阅读的时候，快速明白缩写所表达的意义，在听讲记录或者做课堂笔记的过程中，能够熟练使用这些缩写，快速记录要点，提高学习效率。在写作的时候，也能做到恰当使用这些缩写。

缩写	全　称	意　义	备　注
Abb.	Abbildung	示意图	
allg.	allgemein	一般情况下	
Bd.	Band（Buch）Bde.（Bände）	卷，册	
bes.	besonders	尤其是	
Bhf.	Bahnhof	火车站	
BRD	Bundesrepublik Deutschland	联邦德国	
bspw.	beispielsweise	比如，例如	
b.w.	bitte（Seite）wenden	（请）翻页	
bzgl.	bezüglich	关于	
bzw.	beziehungsweise	以及	
ca.	circa, zirka（ungefähr）	大约	
c.t.	cum tempore（mit akademischem Viertel）	推迟一刻钟	
d.i.	das ist	这是	
d.h.	das heißt	这就是说	
einschl.	einschließlich	包括	
etc.	et cetera	等等	
evtl.	eventuell	可能情况下	
exkl.	exklusive	不包括	

(续表)

缩写	全　称	意　义	备　注
Expl.	Exemplar	册数	
Fa.	Firma	公司	
Fam.	Familie	家庭	
geb.	geboren(e/r)	出生	
ggf.	gegebenenfalls	可能情况下	
gegr.	gegründet	已建立,成立	
gem.	gemäß	按照	
gesch.	geschieden	离婚的	
gest.	gestorben	已去世的	
h.c.	honoris causa (ehrenhalber)	名誉获得者	
i.d.R.	in der Regel	通常情况下	
Ing.	Ingenieur	工程师	
inkl.	inklusive	包括	
Jh.	Jahrhundert	百年	
Jr./jun.	Junior	年轻者	
kath.	katholisch	天主教的	
Kfz	Kraftfahrzeug	机动车	
km/h	Kilometer pro Stunde / Stundenkilometer	时速	
LKW/Lkw	Lastkraftwagen	载重汽车	
lt.	laut	根据	
max.	maximal	最多	
m.a.W.	mit anderen Worten	换句话讲	
m.d.B.	mit der Bitte	请求	
m.E.	meines Erachtens	按我的观点	
m.W.	meines Wissens	据我所知	
min.	minmal	最少	
Mio.	Million(en)	百万	
Min.	Minute	分钟	
möbl.	möbliert	配家具的	
Mrd.	Milliarade(n)	十亿	
m.ü.M.	Meter über dem Meer	海拔	
n.Chr.	nach Christus	公元	
neutr.	neutral, Neutrum	中立的	
Nr(n).	Nummer(n)	编号	
N.N.	nomen nescio (Namen unbekannt)	名称不详	

（续表）

缩写	全 称	意 义	备 注
o.	oben	前面	
o. ä.	oder ähnlich	或者类似的	
o. Ä.	oder Ähnliche(s)	或者类似的东西	
PKW/Pkw	Personenkraftwagen	小轿车	
PR	Public Relations	公共关系	
Pkt.	Punkt	点数，分数	
PS	Pferdestärke(n)	马力	
rd.	rund（ungefähr）	大约	
Ref.	Referat（Abteilung）	部门	
S.	Seite	页码	
s/Sek.	Sekunde	秒	
Sr. /sen.	Senior（der Ältere）	年长者	
s. t.	sine tempore（ohne akademisches Viertel，pünktlich）	准时的	
Std.	Stunde	小时	
Str.	Straße	街	
sog.	so genannte（－r，－s）	所谓的	
Tel.	Telefon	电话	
TH	technische Hochschule	技术（工业）学院	
TU	technische Universität	技术（工业）大学	
u. a.	und andere（s），unter anderen/m	此外	
u. a. m.	und anderes mehr	还有更多其他的	
u. Ä.	und Ähnliche(s)	还有类似的	
u. A. w. g.	um Antwort wird gebeten	请回复	
usw.	und so weiter	等等	
u. U.	unter Umständen	视情况	
v. Chr.	vor Christus	公元前	
Z.	Zeile	行	
z. B.	zum Beispiel	比如，例如	
z. H.	zu Händen	亲收	
z. T.	zum Teil	部分地	
zz.	zurzeit	目前	
zzgl.	zuzüglich	额外需算上的	

第二节 常识型缩写

常识型缩写指的是出现频率不高,只需要认识并理解其意义,不需要时刻能够熟练运用的缩写。常识型缩写通常涉及各种专业领域及其相关的专业术语,如某些特定机构、组织的名称,特定的专业指示语等,大家只需要认识,知晓其意义即可。

缩 写	全 称	意 义
ADAC	Allgemeiner Deutscher Automobil-Club	全德汽车俱乐部
Akk.	Akkusativ	四格
AKW.	Atomkraftwerk	核电站
AStA	Allgemeiner Studentenausschuss	大学生联合会
BAföG	Bundesausbildungsförderungsgesetz	联邦教育促进法
Betr.	Betreff	关于
DaF	Deutsch als Fremdsprache	德语作为外语
Dat.	Dativ	三格
DB	Deutsche Bahn AG	联邦铁路
DDR	Deutsche Demokratische Republik	德意志民主共和国
DGB	Deutscher Gewerkschaftsbund	全德工会联合会
Dipl. Ing.	Diplomingenieur	硕士学历的工程师
dpa	Deutsche Presse-Agentur	德新社
Dr. jur.	Doktor der Rechte	法学博士
Dr. med.	Doktor der Medizin	医学博士
Dr. Phil.	Doktor der Philosophie / Philologie	哲学/语言学博士
Dr. rer. nat.	Doktor der Naturwissenschaft	理学博士
Dr. theol.	Doktor der Theologie	神学博士
ebd.	ebenda	同上
EDV	Elektronische Datenverarbeitung	电子数据处理
EU	Europäische Union	欧盟
e. V.	eingetragener Verein	注册协会
FC	Fußballclub	足球俱乐部
FCKW	Fluorchlorkohlenwasserstoff(e)	氟利昂
f.	und folgende Seite	下页
fem.	feminin	阴性
ff.	Und folgende Seiten	后续多页
FH	Fachhochschule	高等专科学校
Gen.	Genitiv	二格
GmbH	Gesellschaft mit beschränkter Haftung	有限责任公司

（续表）

缩　写	全　称	意　义
hg.	herausgegeben	出版
Herg./Hg.	Herausgeber	出版者
i. A.	im Auftrag	受委托
IC	Intercity	城际快车
ICE	Intercityexpress	城际特快
ISBN	Internationale Standardbuchnummer	国际统一书号
KG	Kommanditgesellschaft	联合公司
Kripo	Kriminalpolizei	刑警
Kto.	Konto	账户
Kto. – Nr.	Kontonummer	账号
MwSt.	Mehrwertsteuer	增值税
OB	Oberbürgermeister	市长
PC	Personalcomputer	个人电脑
s. a.	siehe auch	也见……
SB	Selbstbedienung	自助服务
s. o.	siehe oben	见前文
s. R.	siehe Rückseite	见反面
St.	Sankt	圣……
s. u.	siehe unten	见后文
SSV	Sommerschlussverkauf	夏季大促销
TÜV	Technische Überwachungsverein	技术监督协会
vgl.	vergleiche	参见
Verl.	Verlag	出版社
VHS	Volkshochschule	国民大学
WG	Wohngemeinschaft	合租
WM	Weltmeisterschaft	世界杯
WSV	Winterschlussverkauf	冬季大促销

参考文献

[1] DANIELS A，et al. Mittelpunkt – Deutsch als Fremdsprache für Fortgeschrittene［M］. Stuttgart：Ernst Klett Sprachen，2008.

[2] Goethe-Institut Inter Nationes，KMK，EDKB，MBWK（Hrsg.）. Gemeinsamer europäischer Referenzrahmen für Sprachen：lernen，lehren，beurteilen［M］. Berlin，München，Wien，Zürich，New York：Langenscheidt，2001.

[3] KOITHAN U，et al. Aspekte – Mittelstufe Deutsch［M］. Berlin，München，Wien，Zürich，New York：Langensc-heidt，2008.

[4] PERLMANN-BALME M，et al.新标准德语强化教程（中级）［M］.北京：外语教学与研究出版社，2009.

[5] TELLMANN U. IIK Düsseldorf，http://www.iik-duesseldorf.de，2011.

[6] 教育部直属同济大学留德预备部（编著）.新求精德语强化教程中级（Ⅰ/Ⅱ）［M］.上海：同济大学出版社，2016.